GEORGIEN

Darina Beridze
Fotografie: Anna Bogush

GEORGIEN

Kulinarische Schätze aus der besten Küche Osteuropas

Rezepte.
Porträts.
Geschichten.

CHRISTIAN

Inhalt

Vorwort 6

Die Rezepte

DIPS 12

SUPPEN & EINTÖPFE 36

HAUPTGERICHTE 68

PASTEN & SAUCEN 120

TEIGWAREN 140

DESSERTS 166

Die Storys

PIRVELI BAKERY 32

CHATEAU IVERI 58

VAIO RESORT 114

MAX FLAVOUR: Max Mgvdliashvili 136

MAX FLAVOUR: Tako Shvelidze 162

Register 178

Dank an unseren Partner 180

Über die Autorin | Über die Fotografin & das Team 182

Dank 183

Impressum 184

Vorwort

Herzlich willkommen!

So werden Sie in Georgien an jeder Tür, an die Sie anklopfen, empfangen. Und genauso möchte ich Sie auch begrüßen und mich für Ihr Interesse an diesem Buch bedanken! In Georgien ist der Gast ein Geschenk Gottes – das gilt für Freunde, Bekannte, Fremde oder sogar Feinde. Gastfreundschaft ist das Wort, das Georgien sehr treffend umschreibt – und dazu gehört auch Supra, das georgische Festmahl!

In der georgischen Küche werden häufig Walnüsse, Knoblauch, Chilischoten, Kidneybohnen sowie frische Kräuter wie Koriander, Schabzigerklee oder auch getrocknete Ringelblumenblüten verwendet. Diese werden oft im Mörser verarbeitet, wodurch ihr Aroma noch intensiver zur Geltung kommt. Typische Käsesorten sind Sulguni (ein Salzlakenkäse), Imeruli (Weichkäse), Chlechili (Zopfkäse).

Bevor ich Ihnen von der georgischen Küche erzähle, möchte ich Sie gern mit dem Land Georgien bekannt machen. Das kleine Georgien – nicht größer als Bayern– liegt inmitten der wunderschönen kaukasischen Bergwelt (Schchara ist der höchste Berg mit 5201 Metern) und dem Schwarzen Meer.

Georgisch ist eine der ältesten Sprachen weltweit. Funde georgischer Schriftzeichen lassen sich bis ins 2. Jahrhundert zurückverfolgen. Georgisch gehört zur kartwelischen Sprachgruppe, die eigenständig besteht und mit keiner anderen Sprachgruppe verwandt ist. Das heutige georgische Alphabet besitzt 33 Buchstaben, von denen jeder einem eigenen Laut zugeordnet ist.

Georgien ist ein christlich geprägtes Land: 84 Prozent der Bevölkerung gehören der georgisch-orthodoxen Apostelkirche an. Als entscheidende Heilige für die Christianisierung gilt die Apostelin Nino. Weiterhin verbreitet sind auch das Judentum und der Islam.

Georgischer **Tanz** steht für wilde Leidenschaft, Grazie, Harmonie, Respekt und Begehren. Traditionell georgische **Musik** ist polyphon. Ihre Stilrichtungen sind regional geprägt und können stark variieren und Stimmführung sowie Harmonik des georgischen Gesangs sind weltweit einzigartig. Der Weinbau reicht über 8000 Jahre zurück. Das Besondere am georgischen

Wein ist sein Herstellungsprozess. Im Gegensatz zu vielen anderen Weinbaugebieten verwendet man in Georgien keine Eichenfässer, sondern Amphoren zum Fermentieren, Lagern und zur Reifung der Weine. Diese Tonfässer werden *qwewri* genannt.

Bringen Sie diese Musik, Tanz, köstlichen Wein mit gutem Essen an einen Tisch – und schon haben Sie ein Supra!

Ich habe meine ersten neunzehn Lebensjahre in Georgien verbracht, dann zog ich nach Deutschland. Hier lebe ich seitdem, und mit der Distanz sehe ich mein Heimatland mit anderen Augen.

Wenn ich an Georgien denke, habe ich ein klares Bild vor Augen: einen sonnigen Tag im Frühling, alles ist grün, die Bäume blühen, wir befinden uns in einem großen Garten, in dem ein großer Holztisch steht. Kinder toben im Garten. In der Ferne blickt man auf die Berge, ein Bach plätschert und es weht eine leichte Brise. Aus der Küche wehen einem Aromen und Düfte entgegen. Freunde, Verwandte, Bekannte sowie Gäste finden sich an diesem Holztisch zusammen. Der ist gedeckt mit köstlichen georgischen Gerichten, da läuft einem das Wasser im Mund zusammen. Essen ist fertig! Und der Gastgeber bringt Wein, meist selbst gemacht. Das ist *supra!*

In Georgien gibt's keine Portionen pro Person, der große Tisch voller Gerichte ist für alle da – und jeder isst, worauf er Lust hat. Ein Traum, wenn Sie mich fragen. So ein Fest dauert mehrere Stunden, *tamada,* der Tischmeister, sorgt für gute Laune der Gäste und bringt Trinksprüche aus. Irgendjemand spielt Gitarre, es wird Feuer gemacht, gesungen, gelacht, getanzt und gegessen ...

In möchte Ihnen den Geschmack georgischer Gerichte – und meiner Kindheit – nahebringen. Das sind süße sowie herzhafte Gerichte, manche sind etwas aufwendiger als andere. Die Rezepte sind vegetarisch, vegan oder auch mit Fleisch. Eins gilt für alle Rezepte: Es lohnt sich, sie zu kochen!

Dips

Pkhaleuli

ფხალეული

Pkhali – einer Art Würzpaste – besteht hauptsächlich aus Walnusskernen, Gewürzen, Kräutern, Knoblauch und Chilipulver. Die Zutaten können aber auch variieren. Klassisch wird *pkhali* in Kugelform angerichtet und serviert. Die Paste ist universell einsetzbar. Sie schmeckt zu *mchadi*, dem traditionellen georgischen Maisbrot, aber auch zu allen anderen Brotsorten. *pkhali* ist ebenso zu Hauptgerichten ein Genuss. Es kann mit zahlreichen Gemüsesorten wie Weißkohl, Süßkartoffeln oder Paprika zubereitet werden. .

Stapilos Pkhali

Karotten-Walnuss-Paste | სტაფილოს ფხალი

30 MINUTEN

FÜR 2 PERSONEN

300 g Karotten, geschält
4 EL Olivenöl, davon 2 EL für die Würzpaste
2 EL zum Anbraten
¼ Chilipulver
Salz
100 g Walnusskerne
50 g rote Zwiebel
1 Knoblauchzehe, klein gehackt
¼ TL gemahlener Koriander
¼ TL getrocknete gemahlene Ringelblumenblüten
¼ TL gemahlener Schabzigerklee
1 Radieschen, gehobelt

ZUBEREITUNG

Die Karotten auf ein mit Backpapier belegtes Backblech legen.
2 EL Olivenöl, Salz sowie Chilipulver mischen und die Karotten damit bestreichen. Das Blech auf die mittlere Schiene in den auf 240 °C (Ober-/Unterhitze) vorgeheizten Backofen schieben.
Den Backofen auf Grillfunktion schalten. Die Karotten darin etwa 5 Minuten grillen, bis sie leicht gebräunt und bissfest gar sind.
Karotten aus dem Ofen nehmen, abkühlen lassen und auf einer Küchenreibe grob reiben.
Die Walnüsse in der Küchenmaschine zu einer groben Paste verarbeiten.
Die Zwiebel abziehen, sehr klein würfeln. In einer Pfanne 2 EL Olivenöl erhitzen und die Zwiebel darin 7–10 Minuten anschwitzen.
Den Knoblauch dazugeben und alles weiterbraten lassen, bis Zwiebel und Knoblauch goldbraun sind. Den Mix nach Geschmack mit Salz und Chilipulver abschmecken.
Geriebene Karotten, Zwiebel-Knoblauch-Mischung, Koriander, Ringelblumenblüten und Schabzigerklee mit den Händen gut vermengen.
Zum Anrichten aus der Masse mit einem Löffel kleine Portionen formen. Diese Radieschenscheiben garnieren und servieren.

Prasis Pkhali

Lauchpaste | პრასის ფხალი

45 MINUTEN

FÜR 2 PERSONEN

300 g Lauch
4 EL Olivenöl, davon 2 EL für die Würzpaste
2 EL zum Anbraten
½ TL Chilipulver
Salz
100 g Walnusskerne
50 g rote Zwiebel
1 Knoblauchzehe, klein gehackt
¼ TL gemahlener Koriander
¼ TL gemahlener Schabzigerklee
2–3 Blätter wildes Basilikum

ZUBEREITUNG

Die Lauchstangen längs halbieren, putzen, gründlich waschen und abtropfen lassen. 2 EL Olivenöl, Chilipulver und Salz verrühren. Den Lauch auf ein mit Backpapier belegtes Backblech legen, mit dem Würzöl einstreichen. Lauch im 240 °C vorgeheizten Ofen in etwa 20 Minuten garen und leicht ambräunen lassen. Den Lauch herausnehmen und abkühlen lassen. Aus den Stangen möglich viel Flüssigkeit herauspressen, dann den Lauch in dünne Streifen schneiden.

Die Walnüsse in der Küchenmaschine zu einer groben Paste verarbeiten.

Die Zwiebel abziehen, dann sehr kleine Würfel schneiden. In einer Pfanne 2 EL Öl erhitzen. Die Zwiebel darin 7–10 Minuten anbraten. Den Knoblauch dazugeben und mitbraten, bis er gebräunt ist.

Die Mischung mit Salz und Chilipulver nach Geschmack würzen. Den Lauch, die Zwiebel-Knoblauch-Mischung, den Koriander und Schabzigerklee mit den Händen gut vermengen.

Zum Anrichten aus der Masse mithilfe eines Löffels kleine Portionen formen. Diese mit Basilikumblättern garnieren und servieren.

Ispanakhis Pkhali

Spinat-Walnuss-Paste | ისპანახის ფხალი

20 MINUTEN

FÜR 4 PERSONEN

1 kg frischer Spinat
Salz
3 Knoblauchzehn
200 g Walnusskerne, gehackt
1 Bund Frühlingszwiebeln, nur den grünen Teil
1 Handvoll Korianderblätter
½ TL scharfes Chilipulver
1 Handvoll Granatapfelkerne

ZUBEREITUNG

Den Spinat verlesen und gründlich abbrausen. Etwas Salzwasser in einem großen Topf aufkochen. Den Spinat hineingeben, die Hitze reduzieren und den Spinat darin in 1 Minute zusammenfallen lassen. Dann in ein Sieb geben, abtropfen lassen und handwarm abkühlen lassen. Den Spinat mit den Händen kräftig ausdrücken, um möglichst viel Wasser herauszupressen. Anschließend fein hacken und in eine große Schüssel umfüllen.

Knoblauch abziehen und grob hacken. Mit den Walnüssen in der Küchenmaschine zu einer sehr feinen Paste verarbeiten. Die Konsistenz darf klebrig, aber nicht mehr körnig sein.

Das Frühlingszwiebelgrün putzen, abbrausen, dann abtropfen lassen und in sehr feine Ringe schneiden. Die Korianderblätter fein hacken. Die Walnuss-Knoblauch-Paste, die Kräutermischung sowie das Chilipulver vermengen. Die Paste mit Salz abschmecken.

Zum Anrichten die Spinatpaste zu kleinen Kugeln formen. In jede Kugel mittig eine Mulde eindrücken, diese jeweils mit einigen Granatapfelkernen garnieren. Die Paste bis zum Servieren im Kühlschrank aufbewahren.

Gogris Pkhali

Kürbis-Walnuss-Paste | გოგრის ფხალი

45 MINUTEN

FÜR 2 PERSONEN

300 g Kürbis (Sorte nach Belieben)
4 EL Olivenöl, davon 2 EL für die Würzpaste
2 EL zum Anbraten
Salz
100 g Walnusskerne
50 g rote Zwiebel
1 Knoblauchzehe, fein gehackt
¼ TL Chilipulver
¼ TL Paprikapulver
¼ TL getrocknete gemahlene Ringelblumenblüten
¼ TL gemahlener Schabzigerklee
1 TL Granatapfelkerne

ZUBEREITUNG

Den Kürbis in Viertel schneiden, entkernen und auf ein mit Backpapier belegtes Backblech legen. Mit 2 EL Olivenöl beträufeln und leicht salzen. Den Kürbis bei 240 °C im vorgeheizten Ofen bei Grillfunktion 10–15 Minuten grillen, bis er leicht gebräunt und gegart ist. Abkühlen lassen, das Kürbisfleisch herauslöffeln und in einer Schüssel zerstampfen.

Die Walnüsse in der Küchenmaschine zu einer groben Paste verarbeiten.

Die Zwiebel abziehen und sehr klein würfeln. In einer Pfanne das Olivenöl erhitzen. Die Zwiebel darin etwa 7–10 Minuten anschwitzen. Den Knoblauch dazugeben und mitbraten, bis beides goldbraun ist. Dann mit Salz und Chilipulver würzig abschmecken.

Das Kürbispüree, die Zwiebel-Knoblauch-Mischung, das Paprikapulver, die Ringelblumenblüten sowie den Schabzigerklee mit den Händen gut vermengen.

Zum Anrichten aus der Masse mit einem Löffel kleine Portionen formen. Diese mit den Granatapfelkernen garnieren und servieren.

Tscharkhlis Pkhali

Rote-Bete-Paste | ჭარხლის ფხალი

50 MINUTEN

FÜR 6 PERSONEN

1 kg Rote Beten
3 Knoblauchzehen
200 g Walnusskerne
Salz
1 TL gemahlener Koriander
1 TL getrocknete gemahlene Ringelblumenblüten
½ TL scharfes Chilipulver
2 EL Weißweinessig
Pfeffer
1 Handvoll Granatapfelkerne

ZUBEREITUNG

Die Roten Beten waschen, anschließend in kochendem Wasser in etwa 40 Minuten weich garen, dann abkühlen lassen, schälen und fein hacken.

Den Knoblauch abziehen, ebenso wie die Walnüsse grob hacken. Beides mithilfe einer Küchenmaschine zu einer sehr feinen Paste verarbeiten. Die Konsistenz der Paste darf klebrig, aber nicht mehr körnig sein.

Die Walnuss-Knoblauch-Paste mit Koriander, Ringelblume, Chilipulver und Essig mit den Händen zu einer glatten Masse verarbeiten. Anschließend mit der Roten Bete gründlich vermengen, mit Salz und Pfeffer abschmecken.

Zum Anrichten aus der Paste kleine Kugeln formen. Jeweils mittig eine Mulde hineindrücken und diese mit einigen Granatapfelkernen füllen. Die Paste bis zum Servieren im Kühlschrank aufbewahren.

Nigvziani Badrijani

Auberginenröllchen mit Walnussfüllung | ნიგვზიანი ბადრიჯანი

Diesen köstlichen Auberginenröllchen kann niemand widerstehen, sie sind weich und knusprig zugleich.

60 MINUTEN

FÜR 4 PERSONEN

3 große Auberginen
100 ml Sonnenblumenöl, davon
80 ml für die Auberginen
+ 20 ml für die Zwiebel
100 g Zwiebel, fein gehackt
210 g Walnusskerne, grob gehackt
2 Knoblauchzehen, grob gehackt
1 TL gemahlener Koriander
1 Bund Koriandergrün, fein gehackt
1 TL getrocknete gemahlene Ringelblumenblüten
1 TL gemahlener Schabzigerklee
Salz
Chilipulver
2 EL Granatapfelkerne

ZUBEREITUNG

Die Auberginen waschen und putzen. Dann längs in dünne Scheiben schneiden, salzen und etwa 20–30 Minuten Wasser ziehen lassen. Anschließend die Auberginenscheiben leicht ausdrücken und mithilfe von Küchenpapier das Salz entfernen.
Öl in eine Pfanne geben. Die Auberginenscheiben darin portionsweise nebeneinanderliegend von beiden Seiten goldbraun anbraten. Dann auf Küchenpapier leicht entfetten.
In einer Pfanne etwas Öl erhitzen und die Zwiebeln darin farblos und anschwitzen, dann abkühlen lassen.
200 g Walnüsse und den Knoblauch in der Küchenmaschine zur feinen Paste verarbeiten. Mit den Zwiebeln, dem gesamten Koriander, Ringelblumenblüten, Schabzigerklee, Salz und Chilipulver gründlich vermengen. Falls die Paste zu dick ist, noch etwas Wasser hinzugeben.
Die Auberginenscheiben nacheinander jeweils auf einer Seite mit 1 TL Walnusspaste bestreichen, dann von der schmalen Seite her aufrollen.
Zum Anrichten die Auberginenröllchen aufrecht auf eine Platte setzen, mit je einem Granatapfelkern toppen und servieren.

TIPP

Sie können die Auberginenscheiben auch im 200 °C heißen Ofen (Ober-/Unterhitze) garen. Dafür die Scheiben nebeneinander auf ein mit Backpapier belegtes Backblech verteilen, mit etwas Öl einpinseln und in 5–10 Minuten backen.

Nadugi Pitnit

Ricotta-Aufstrich mit Minze | ნადუღი პიტნით

Dieser erfrischende Aufstrich ist eine köstliche Vorspeise. Er ist sehr einfach und schnell zubereitet.

15 MINUTEN

FÜR 6 PERSONEN

500 g Ricotta
100 g saure Sahne
100 g frische Minze
Salz

ZUBEREITUNG

Den Ricotta und die saure Sahne in einer Schüssel gut vermengen. Die Minzeblätter von den Stielen abzupfen, etwas zum Garnieren beiseitelegen, den Rest fein hacken. Die fein gehackte Minze unter die Ricottamischung rühren, mit Salz abschmecken.
Zum Anrichten den Ricottaaufstrich in Schälchen geben und mit etwas Minze garniert servieren.

TIPP

In Georgien isst man *nadugi pitnit* in *sulguni*-Käsescheiben eingerollt. Alternativ kann man Mozzarella in dünne Scheiben schneiden und mit der Ricottamischung füllen .

Soko Kecze

Überbackene Pilze mit Mozzarella | სოკო კეცზე

Wer Pilze mag, wird dieses Gericht lieben.

20 MINUTEN

FÜR 4 PERSONEN

12 größere Champignons
Fett für die Auflaufform
12 Mini-Mozzarellakugeln oder
100 g geriebener Mozzarella
Salz
Pfeffer

ZUBEREITUNG

Die Champignons putzen und die Stiele abschneiden. Die Pilzköpfe mit der Wölbung nach unten nebeneinander in eine gefettete Auflaufform setzen. Mit Salz und Pfeffer bestreuen.

Die Auflaufform in den auf 250 °C (Ober-/Unterhitze) vorgeheizten Backofen schieben und die Pilze darin in etwa 5 Minuten weich garen.

Die Champignons kurz aus dem Ofen nehmen, in jeden Pilz 1 Mozzarellakugel setzen oder mit geriebenem Mozzarella bestreuen. Die Form wieder in den Ofen schieben und nach Sicht weiterbacken, bis der Käse goldgelb geschmolzen ist.

Bakery
Coca-Cola
3.50

Schalwa Khurtsia, Bäckereibesitzer

Schalwa, genannt Schako, hat seine Bäckerei Pirveli am 1. April 2022 in Batumi eröffnet. Seine Mutter war schon immer eine leidenschaftliche und fantastische Köchin. Schako wusste, dass aus der Idee eine Bäckerei mit seiner Mama zu eröffnen, etwas Großes entstehen könnte. Bevor es überhaupt zu dieser Idee kam, hatte Schako eine sehr gute Festanstellung, aber irgendwas in ihm wollte mehr. Auslöser für seinen Traum war die Liebe zu einer Frau, die ihm sehr viel Inspiration gab. Seine jetzige Verlobte lernte er vor drei Jahren kennen. Sie veränderte sein Leben, er sagt: »Die Sonne ist aufgegangen«. Das erste Mal in seinem Leben fühle er sich komplett, denn sie war das letzte Puzzlestück in seinem Leben, um sich ganz zu fühlen. Danach kamen die Ideen, denn wenn du glücklich bist, bist du nicht mehr faul. Er hat seine Idee mit seinem Freund geteilt, in dem Park, in dem wir dieses Interview führen. Vier Stunden diskutierten die Jungs, wie es wäre, sich selbständig zu machen – es wird schwierig, aber nicht unmöglich. Kurze Zeit später eröffneten sie die kleine Bäckerei. Schako sagt: »Pirveli ist entstanden, weil viele Menschen an mich und an meine Idee geglaubt haben, moralisch und finanziell unterstützt haben, das ist mir sehr viel wert.« Hanna fragt: »Und wann machst du eine georgische Bäckerei in München auf?« Schako lacht: »Hoffentlich bald.« Unser Interview wird schon wieder unterbrochen, ein paar Bekannte gehen vorbei. Zum Schluss sagt Schako: »Es gibt immer Risiken und Zweifel, aber meine Empfehlung ist: einfach machen!«

საცხობი

KURZ GEFRAGT

Wie schmeckt Georgien für dich?
Nicht heiß und nicht kalt: warm.

Was macht dich glücklich?
Im Hier und Jetzt zu sein.

Was inspiriert dich?
Anderen Menschen Freude zu schenken und ein kleines, aber wertvolles Rädchen im Getriebe zu sein.

Was ist der Antrieb für deine Arbeit?
Unabhängigkeit und die Freiheit, die Dinge nach meinen eigenen Vorstellungen zu gestalten. Dann kann ich meine Kreativität und meine Überzeugungen voll ausleben.

Was macht Georgien aus?
Unsere Kultur, georgische Volksmusik, Vielfältigkeit – wir haben zwölf Regionen –, jede Region hat ihre eigene Küche, eigene Traditionen aber trotzdem spürt man die Einheit.

Suppen & Eintöpfe

Bebos Pkhali mit Reis

Kohlrabiblatt-Suppe mit Reis von der Oma | ბებოს ფხალი ბრინჯით

Damit dieses Gericht – und alle anderen georgischen Gerichte – gut gelingt, braucht man, wie die Oma sagt, viel Gefühl und ein gutes Augenmaß.

30 MINUTEN

FÜR 4 PERSONEN

1 kg Kohlrabiblätter (alternativ frischer Blattspinat)
100 g Reis
2 Zwiebeln
50 g Butter
1 EL Tomatenmark
20 g Petersilie, fein gehackt
60 g Koriandergrün
4 Knoblauchzehen
Salz
1 rote Chilischote, gehackt

ZUBEREITUNG

Die Kohlrabiblätter oder den Spinat verlesen, dann gründlich waschen und abtropfen lassen.

Den Reis in ein Sieb geben und unter fließend kaltem Wasser gründlich waschen. Reis in einem Topf mit Wasser bedeckt nach Packungsangabe aufkochen und garen. Den Spinat 2 Minuten vor Garzeitende zum Reis geben und bei kleiner Temperatur mitgaren. Die Zwiebeln schälen und klein hacken. Die Butter zerlassen. Erst die Zwiebeln zugeben und darin anbraten. Dann das Tomatenmark unterrühren und kurz anschwitzen lassen. Die Petersilie untermengen, von der Kochstelle nehmen.

Koriander, Knoblauch, Chilipulver oder Chilischote und Salz im Mörser fein zur Paste mörsern. Diese mit dem gebratenen Zwiebelmix und der Paste unter die Reis-Spinat-Mischung rühren, bei Bedarf nochmals kurz erhitzen.

Die Oma über das Foto:
»Oh, Gott! Ich bin so alt geworden. Warum hast du mir nicht gesagt, wie ich aussehe, dann hätte ich meine Haare herrichten können. Ich sehe wie eine kleine, dicke Oma aus – aber eigentlich bin ich das ja auch.« (Sie lacht.)

Darina zu Oma:
»Oma, ich schreibe ein georgisches Kochbuch auf Deutsch. Kannst du mir das Rezept für die Kohlrabiblatt-Suppe geben?« Sie legt sofort los. Darina: »Oma warte, es gibt keine Kohlrabiblätter in deutschen Supermärkten, wir sollten Spinat nehmen. Das habe ich schon ausprobiert, das schmeckt sehr gut. «

Die Oma
»In Ordnung, Spinat muss auch nicht so lange kochen, dann nehmen wir halt Spinat ... Zwiebel anbraten, Knoblauch und Koriander in den Mörser.«

Darina: »Oma, warte, warte. Erst mal brauche ich die Zutaten, wie viel Gramm und so weiter.

Oma: »Das kannst du doch schätzen, nach Augenmaß.«

Darina: »... aber Oma, das kann ich doch so nicht in einem Kochbuch schreiben.«

Oma: »Dann nimmst du ein halbes Glas Reis, oder ein bisschen mehr – wiegen kannst du ja selbst. So: *phkali* ist fertig! Was brauchst du noch alles? Ich muss jetzt Gurken pflanzen. Melde dich, wenn du noch etwas brauchst. Und vergiss nicht: Ich will vier Urenkel! Zwei Jungen und zwei Mädchen, deshalb: Iss mehr, du bist zu dürr!«

Sup-Kharcho

Rindfleischsuppe mit Reis | სუპ-ხარჩო

Jede Familie hat ihr eigenes Rezept für *kharcho*-Suppe. Folglich gibt es zahlreiche Varianten – mit Tomaten, Walnusskernen oder Gewürzen –, über die man stundenlang diskutieren kann, ebenso wie über deren Zubereitung. Ich koche hier für Sie eine schmackhafte leichte Variante.

2–3 STUNDEN

FÜR 6 PERSONEN

1 kg Rindfleisch am Knochen
2 Zwiebeln
1 Bund Petersilie
1 Bund Koriander
1 scharfe Chilischote
2 TL Paprikapulver
2 Knoblauchzehen, grob gehackt
100 g Reis
2 EL Zitronensaft

ZUBEREITUNG

Das Rindfleisch in mundgerechte grobe Stücke schneiden. Dann samt Knochen in einem großen Topf mit Wasser bedecken und zum Kochen bringen. Das Rindfleisch in 2–3 Stunden weich garen, dabei den entstehenden Schaum mithilfe einer Schaumkelle abschöpfen. Inzwischen die Zwiebeln abziehen. Eine Zwiebel klein hacken und eine Zwiebel vierteln. Die Petersilien- und Korianderblätter abzupfen, etwas zum Garnieren beiseitelegen, den Rest klein hacken. Die Chilischote putzen, waschen und in Ringe schneiden. Den Knoblauch und das Paprikapulver mit ein wenig Salz im Mörser pastös verreiben.

Etwa 20 Minuten vor Garzeitende des Fleischs beide Zwiebeln, den Reis und die Knoblauchpaste zugeben. Alles zusammen fertig garen lassen, dabei sollte der Reis nicht zu weich werden. Die Zwiebelviertel entfernen. Die gehackten Kräuter und die Chilischote in die Suppe rühren, einmal aufkochen. Anschließend mit Salz sowie Zitronensaft abschmecken.

Zum Anrichten die Suppe auf Teller verteilen und mit den beiseitegelegten Kräutern garnieren.

Chikhirtma

Hühnersuppe nach georgischer Art | ჩიხირთმა

***Chikhirtma* ist eine traditionelle Hühnersuppe. Sie ist sozusagen die Königin der georgischen Suppen. Sie ist sehr einfach zubereitet und schmeckt köstlich mit Weißbrot – besonders, wenn man einen Kater hat …**

2 STUNDEN

FÜR 6 PERSONEN

1 Hühnchen (etwa 1,5 kg)
3–4 Zwiebeln
1 Bund Koriandergrün
50 g Butter oder Butterschmalz
5 Eier
2 EL Weißweinessig
2 EL Mehl
Salz
frischer Dill zum Garnieren

ZUBEREITUNG

Das Hühnchen gründlich waschen, in einen Topf geben, mit Wasser bedecken und dieses aufkochen. Die Zwiebeln abziehen. Eine der Zwiebeln vierteln und in den Topf geben. Die Suppe 1–2 Stunden auf niedriger Stufe köcheln lassen, dabei gelegentlich mithilfe eines Schaumlöffels den Schaum entfernen. Die Suppe ist fertig, wenn das Fleisch gegart ist.
Inzwischen die restlichen Zwiebeln mit einer Küchenreibe reiben. Korianderblätter abzupfen und klein hacken. Eier in einer Schüssel verquirlen.
Das gegarte Hühnchen aus dem Topf heben, leicht abkühlen lassen. Dann die Haut entfernen und das Fleisch von der Karkasse und den Knochen ablösen. Das Fleisch in kleine Stücke schneiden bzw. zerzupfen. Etwa 500 ml von der Hühnerbrühe unter die Eier mischen, dann beiseitegestellt abkühlen lassen.
Butter oder Schmalz zerlassen. Die geriebenen Zwiebeln zugeben und darin weich anbraten. Das Mehl darüberstäuben, leicht anschwitzen lassen. Dann nach und nach etwas von der Brühe zugießen und unter Rühren klümpchenfrei verrühren, bis eine cremige Konsistenz entsteht. Nun die Eier-Brühe-Mischung gründlich untermischen. Anschließend den Mix unter ständigem Rühren zur Suppe geben. Diese nochmals aufkochen, mit Essig und Salz abschmecken. Das Hühnerfleisch darin kurz erwärmen.
Zum Anrichten die Suppe auf Teller verteilen und mit dem Dill garniert servieren.

TIPP

Sie können gerne Knoblauch auch dazugeben.

Lobio Qotanschi

Bohnensuppe im Tontopf | ლობიო ქოთანში

Dieser Eintopf ist ein typisches georgisches Wintergericht. Dazu serviert man Maisbrot, eingelegte Gurken und auch Tomaten.

30 MINUTEN

FÜR 4 PERSONEN

500 g Kidneybohnen (Dose)
3 EL Sonnenblumenöl
3 Zwiebeln
1 Lorbeerblatt
50 g Lauch
1 TL getrocknetes Bohnenkraut
sakazmi (siehe Seite 124)
Salz
Pfeffer

ZUBEREITUNG

Die Bohnen in ein Sieb abgießen, kalt abbrausen und gründlich abtropfen lassen. Die Bohnen in einen Topf geben, mit Wasser bedecken, kurz aufkochen, dann mit der Flüssigkeit grob stampfen und beiseitestellen.
Die Zwiebel klein hacken und anbraten und gemeinsam mit dem Lorbeerblatt, dem Lauch, dem Bohnenkraut und der *sakazmi* zu den Bohnen geben. Nochmals aufkochen, Salz und Pfeffer dazugeben und abschmecken.

Ajafsandali

Auberginenelntopf | აჯაფსანდალი

Der Duft von frischen Kräutern und Auberginen ist typisch für *ajafsandali* – ein frühsommerliches Gemüsegericht. Es passt fantastisch zu gestampften Kartoffeln, Brot und zu gepflückten und klein geschnittenen Gartengurken.

60 MINUTEN

FÜR 6 PERSONEN

1,5 kg Auberginen
3 rote Spitzpaprika
3 Zwiebeln, fein gehackt
4 Knoblauchzehen, fein gehackt
1 grüne Chilischote, fein gehackt
200 ml Sonnenblumenöl
400 g stückige Tomaten (Dose)
1 EL Tomatenmark
1 Handvoll rotblättriges Basilikum
1 Handvoll Petersilie
1 Handvoll Koriandergrün
Salz
Pfeffer

ZUBEREITUNG

Auberginen schälen und in mundgerechte Stücke schneiden. In einer Schüssel mit Salz bestreut etwa 20 Minuten Wasser ziehen lassen. Spitzpaprika putzen, abbrausen und quer in feine Streifen oder Ringe schneiden.

Das Öl in einem großen Topf auf mittlerer Temperatur erhitzen. Zwiebel, die Hälfte des Knoblauchs sowie die Chili darin unter Rühren farblos und weich anbraten.

Auberginen von Wasser und Salz befreien, dann mit den Händen gut ausdrücken. Die Auberginenstücke sowie die Spitzpaprika in den Topf geben und weiterbraten, bis das Gemüse weich gegart ist. Das Gemüse mit einem Kochlöffel an den Topfrand schieben. Tomatenmark in die Mitte auf den Topfboden geben und unter Rühren 2 Minuten anrösten, dann mit dem Gemüse vermengen. Anschließend die stückigen Tomaten, die abgezupften Kräuterblätter und den restlichen Knoblauch zufügen und alles 5 Minuten weitergaren. Mit Salz und Pfeffer abschmecken.

Zum Anrichten den *ajafsandali* auf tiefe Teller verteilen und sofort heiß servieren. Alternativ über Nacht im Kühlschrank lagern, er schmeckt auch kalt sehr gut.

Malachto Lobio

Grüne-Bohnen-Eintopf von Tante Esma | ესმა დეიდას მალახტო ლობიო

Eins meiner Leibgerichte ist *malachto lobio* von meiner Tante Esma. Als Kind war ich im Sommer oft nach der Schule bei ihr, um dieses Gericht zu genießen. Die Zutaten dafür kamen frisch aus dem Garten! Einmalig! Man serviert den Eintopf mit Weiß- oder Maisbrot, dazu gibt es frische Gurken und Tomaten.

30 MINUTEN

FÜR 6 PERSONEN

1 kg frische grüne Stangenbohnen
200 g Walnusskerne, grob gehackt
15 g Basilikumblätter
30 g Koriandergrün
4–5 Knoblauchzehen, gehackt
1 grüne Chilischote, fein gehackt
Salz

ZUBEREITUNG

Grüne Bohnen putzen, waschen und in mundgerechte Stücke brechen oder schneiden. Bohnen in einem Topf mit Wasser bedeckt aufkochen, dann bei mittlerer Temperatur 10–15 Minuten gar köcheln lassen.

Die Walnusskerne, den Knoblauch, die Kräuter und die Chilischote in einem Mörser zu einer Paste vermengen. Dann zu den gegarten Bohnen in den Topf geben, gründlich unterrühren und abschmecken.

Zum Anrichten den Eintopf auf Teller verteilen. Oder wie in Adscharien direkt aus dem Holzmörser servieren, in dem die Paste zubereitet wurde – natürlich wird der Mörser vorher nicht ausgewaschen!

Akhali Kartofili

Frische Kartoffeln mit Kräutern | ახალი კარტოფილი

Akhali kartofili ist das Lieblingsessen georgischer Kinder. Ich erinnere mich noch genau daran, wie ich mit meiner Schwester die Kartoffeln aus der Erde ausgebuddelt habe, und meine Mama hat sie dann gekocht. Dazu gab es grüne Kirschpflaumensauce. Das ist eine schöne Kindheitserinnerung!

30 MINUTEN

FÜR 2 PERSONEN

500 g kleine junge Kartoffeln
50 ml Sonnenblumenöl
3 Knoblauchzehen
1 Bund Schnittlauch
25 g frischer Dill, gehackt
Salz
Pfeffer
1 rote Zwiebel, feinen Streifen

ZUBEREITUNG

Die Kartoffeln gründlich unter fließend kaltem Wasser säubern. Dann in einem großen Topf mit Wasser bedeckt bei mittlerer Temperatur zugedeckt aufkochen und köcheln lassen, bis sie gar sind. Anschließend abgießen und kurz ausdampfen lassen.
Das Sonnenblumenöl in einer Pfanne erhitzen. Die Kartoffeln in die Pfanne geben und unter gelegentlichem Rühren goldbraun braten. Knoblauchzehen abziehen, zerdrücken und mit den Kräutern, bis auf etwas zum Garnieren, untermischen. Die Kartoffeln mit Salz und Pfeffer abschmecken.
Zum Anrichten die Kartoffeln mit Zwiebel und beiseitegelegten Kräutern bestreuen.

Rostom Beridze, Gastgeber mit Leib und Seele

Die Weinberge des »Chateau Iveri« befinden sich in Adscharien, der malerischsten Region Georgiens, in einem Dorf namens Varjanisi, in der Gemeinde Keda. Das Gebiet ist nur 50 Kilometer von der Küstenstadt Batumi entfernt. Wir sind in Chateu Iveri angekommen, der erste Blick ist atemberaubend: das Chateau wird von den Bergen umarmt, mit Blick auf den Fluss, der das Weingut von den Bergen trennt. Dieser Blick macht die Umgebung einzigartig und idyllisch.

Aber was das Chateau wirklich ausmacht, ist die Familie Beridze. Sie begrüßen jeden Gast mit einem herzlichen Lächeln, das köstliche Essen wird von der Chefköchin Marina zubereitet, ihr Sohn Iveri sorgt für das Wohlbefinden der Gäste und managt den Social-Media-Auftritt. Der zweite Sohn Romili kümmert sich um die Finanzen. Rostom, Marinas Ehemann ist ein wahres Multitalent. Er ist der Gründer des Chateau Iveri, Winzer, Unternehmer, Professor für Tourismus. Er redet gerne über seine Arbeit und seine Philosophie. Und ich höre ihm gerne zu. Man merkt sofort, dass da jemand vor einem steht, der etwas mit ganzem Herzen macht, was er liebt – und nichts dem Zufall überlässt.

Die Höhenlage mit der intensiven Sonne, dem Regen, der Feuchtigkeit, den Temperaturschwankungen, dem Wind und dem fruchtbaren Bode, sorgen für ein optimales Mikroklima, das die besten Voraussetzung für den Familienweinbau schafft.

Der Weinberg befindet sich auf einem Hektar des Grundstücks. Die Sorten der Weintrauben umfassen Tsolikouri-, Chkaveri- und Satsuri-Weintrauben sowie über zehn endemische Arten. Die Weinherstellung der Familie Iveri Beridze basiert auf jahrhundertealter Erfahrung und Tradition. Auf dem Grundstück sind alte Qwewri (große georgische Tontöpfe zur Aufbewahrung von Wein in der Erde) erhalten geblieben. Diese bemerkenswerten Entdeckungen sprechen für sich selbst über die jahrhundertealten Traditionen des Weinbaus und der Weinbaukultur.

Das Weingut unserer Vorfahren hat sich im Laufe der Zeit entwickelt; ursprünglich konzentrierte sich die Familie Beridze auf die Produktion hochwertiger Weine aus Rebsorten wie Tsolikouri, Chkaveri und Satsuri. Das sind alles einheimische Rebsorten. Unser Weingut ist klein und wir füllen Weine von höchster Qualität ab. Die Familie von Iveri Beridze freut sich, Sie zu beherbergen und in die Familientradition des Weinguts sowie in die Geheimnisse der Weinprobe einzuführen.

KURZ GEFRAGT

Wie schmeckt Georgien für dich?
Süß.

Was macht dich glücklich?
Die Familie und eine Arbeit, die man vom Herzen aus macht.

Was inspiriert dich?
Die Geschichte, meine Kindheit und mein Vater, der immer an mich geglaubt hat. Und ganz wichtig: Die unaufhörliche Suche nach etwas Neuem.

Was ist der Antrieb für deine Arbeit?
Menschen eine schöne Zeit zu schenken und sie zu überzeugen, damit sie Freude haben und glücklich sind.

Was macht Georgien aus?
Gastfreundschaft, Küche und natürlich Wein. »Alle Wege führen zum Wein!«

Hauptgerichte

Gomi

Maisbrei | ღომი

Dieses einfache Gericht stammt aus Megrelien in Westgeorgien. *Gomi* wurde früher anstelle von Brot gegessen – und dazu gab es Käse. Es schmeckt auch sehr gut zu *nadugi pitnit* (Ricottaaufstrich mit Minze), zu *Bazhe* oder zu *sulguni*-Käse.

60 MINUTEN

FÜR 12 PERSONEN

500 g Maisgrieß
150 g Maismehl

ZUBEREITUNG

Den Maisgrieß in einem Topf mit 1,5 l Wasser bedeckt zum Kochen bringen. Die Temperatur reduzieren und den Mais in 30–40 Minuten unter ständigem Rühren mit einem Holzlöffel zu einer festen, dicken Masse garen.
Das Maismehl zugeben, gründlich unterrühren und noch kurz weitergaren, bis sich die Masse vom Topf löst.
Zum Anrichten Gomi mit zum Beispiel mit *bazhe* (siehe Seite 132) begießen und heiß servieren.

Chirbuli

Ei in Tomatensauce | ჩირბული

***Chirbuli* ist schnell gekocht und deftig im Geschmack. Das Gericht kommt aus Adscharien in Westgeorgien. Bei uns zu Hause wurde es oft gemacht, vor allem, wenn es frische Eier von der Oma gab.**

15 MINUTEN

FÜR 3 PERSONEN

3 Zwiebeln
Sonnenblumenöl zum Braten
400 g passierte Tomaten
2–3 Knoblauchzehen
Salz
3 Eier
1 Handvoll Koriandergrün, gehackt

ZUBEREITUNG

Die Zwiebeln abziehen und klein schneiden. Etwas Öl in einem Topf erhitzen und die Zwiebeln darin farblos anbraten. Die Tomaten zugeben und aufkochen.
Inzwischen den Knoblauch abziehen, fein hacken. Dann in die Tomatensauce geben und salzen.
Die Eier auf die Sauce schlagen und 5 Minuten köcheln lassen.
Zum Schluss mit Koriander bestreuen und servieren.

Sinori

Fladenbrot-Röllchen mit Ricotta und Butter | სინორი

Sinori ist ein deftiges und schnell gekochtes Gericht aus Adscharien. Naturjoghurt schmeckt als Beilage sehr gut dazu. Es ist auf jeden Fall kein Gericht für eine Diät!

15 MINUTEN

FÜR 4 PERSONEN

300 g Lavash (dünnes Fladenbrot)
100 g Butter
250 g Ricotta
3 Knoblauchzehen, klein gehackt
½ TL Salz

ZUBEREITUNG

Die Fladenbrote einzeln aufrollen und in etwa 1–2 cm breite Röllchen schneiden. Die Röllchen aufrecht und dicht an dicht in eine Auflaufform setzen.

Die Butter zerlassen bis sie goldbraun ist und mit dem Ricotta, dem Knoblauch und dem Salz vermengen. Die Ricotta-Butter-Masse über die Fladenbrot-Röllchen gießen, sodass die Röllchen sich damit vollsaugen und weich werden. Die Fladenröllchen sofort heiß servieren.

Borano

Adscharischer Käse mit Butter | ბორანი

***Borano* besteht aus zwei Zutaten: Käse und Butter. Diese ergeben hier ein deftiges adscharisches Gericht, das sehr einfach zu kochen ist. Am besten schmeckt es natürlich mit echtem Käse aus Adscharien.**

10 MINUTEN

FÜR 4 PERSONEN

100 g Adscharien-Käse

50 g Butterschmalz

ZUBEREITUNG

Käse in Scheiben schneiden und in eine hitzebeständige Schüssel legen. Den Käse mit heißem Wasser bedecken, und einweichen lassen. Ist der Käse sehr salzig, zwischendurch das Wasser auswechseln.

Butter erhitzen und aufschäumen, bis das Wasser verdampft ist. Dann zur braunen Butter klären.

Den Käse abtropfen lassen, in Schälchen geben und mit der gebratener Butter beträufeln. Alles etwa 5 Minuten ziehen lassen. Heiß servieren.

Kartofili Odjachurad

Bratkartoffeln mit Paprika | კარტოფილი ოჯახურად

Wenn man georgische Kinder fragt, was sie sich zum Mittagessen wünschen, lautet die Antwort meist: »Bratkartoffeln«. Alle Georgier lieben Bratkartoffeln – am liebsten hausgemachte mit Mirabellensauce und frischem Brot.

40 MINUTEN

FÜR 4 PERSONEN

400 g Kartoffeln
50 g grüne Paprika
50 g rote Paprika
30 g Zwiebel
40 ml Sonnenblumenöl
1 Handvoll Petersilie, klein gehackt
Salz
Chilipulver nach Geschmack

ZUBEREITUNG

Kartoffeln schälen, abbrausen und in dicke Spalten schneiden. Diese in eine mit Wasser gefüllte Schüssel legen.
Die Paprika putzen, waschen und in mundgerechte Stücke schneiden. Die Zwiebel abziehen und in Streifen schneiden. Das Kartoffelwasser abgießen und die Kartoffeln abtropfen lassen.
In einer großen Pfanne das Öl erhitzen. Die Kartoffeln zugeben und darin etwa 10 Minuten offen anbraten, dabei gelegentlich wenden. Dann die Pfanne zudecken und die Kartoffeln unter gelegentlichem Wenden etwa 20 Minuten garen.
In einer weiteren Pfanne etwas Öl erhitzen. Die Zwiebel darin farblos anbraten. Die Paprika zugeben und mitbraten, bis sie bissfest gegart sind.
Die Paprika und die Zwiebel unter die gebratenen Kartoffeln mischen, alles durchschwenken, bei Bedarf nochmals kurz erhitzen. Die Petersilie untermischen, Kartoffeln mit Salz und Chilipulver abschmecken. Die Bratkartoffeln heiß auf Tellern anrichten.

Pkhalobio

Kidneybohnen mit Kohlrabiblättern | ფხალობიო

Es gibt in Georgien sehr viele Bohnengerichte, die regional stark variieren. Sie sind ein ideales Essen für kalte Tage. Ich bereite die Bohnen mit Kohlrabiblättern zu, dazu gibt es Maisbrot.

60–90 MINUTEN

FÜR 4 PERSONEN

500 g Kidneybohnen (Dose)
150 g Kohlrabiblätter
150 g Walnusskerne, grob gehackt
4 Knoblauchzehen, grob gehackt
1 Bund Koriandergrün, grob gehackt
Salz
Chilipulver nach Geschmack

ZUBEREITUNG

Zuerst die Bohnen gut waschen und beiseitestellen. Danach die Kohlrabiblätter verlesen, waschen, dann grob schneiden oder zerzupfen. Die Kohlrabiblätter in kochendem Salzwasser in etwa 15 Minuten weich köcheln lassen. Dann abgießen, abtropfen lassen. Die Bohnen in ein Sieb abgießen und kurz abtropfen lassen. Die gegarten Bohnen zurück in den Topf geben und grob stampfen, dafür bei Bedarf etwas kochendes Wasser dazugeben. Anschließend die Kohlrabiblätter untermischen.

In einem Mörser die Walnusskerne, den Knoblauch und das Koriandergrün zu einer Paste verarbeiten. Diese unter die Bohnenmischung geben, alles mit Salz und Chili abschmecken.

Zum Servieren das Gericht auf Schalen verteilen und heiß servieren.

TIPP

Falls Sie keine Kohlrabiblätter haben, nehmen Sie Blattspinat und etwas Weißkohl.

Elarji

Maisgrieß mit Käse | ელარჯი

***Elarji* kommt aus der Region Mingrelien. Für die Zubereitung ist Käse sehr wichtig, es sollte frischer Käse sein, der gut zieht. Sulguni eignet sich zum Beispiel für dieses Gericht hervorragend. Wenn Sie gute *elarji* machen wollen, sparen Sie nicht an Käse und Energie beim Rühren.**

60–90 MINUTEN

FÜR 4 PERSONEN

500 g Maisgrieß
1,5–2 l Wasser
100 g Maismehl
1 kg Sulguni (600 g Weißkäse und 400 g Mozzarella)

ZUBEREITUNG

Zuerst den Maisbrei *(gomi)* nach dem Rezept auf Seite 72 zubereiten. Dafür eventuell etwas mehr Wasser verwenden, damit der Maisbrei etwas dünner wird.
Den Käse in dünne Scheiben schneiden und auf die Oberfläche des Maisbreis im Topf verteilen. Den Topf schließen und den Käse darin 1–2 Minuten schmelzen lassen. Wenn der Käse schmilzt, mit dem Holzlöffel gut vermengen. So weitermachen, bis der Käse aufgebraucht ist.
Wenn gewünscht, können noch ein paar extra Scheiben Käse auf das *gomi* gelegt werden. Servieren Sie heiß! *Elarji* muss heiß gegessen werden.

TIPP

***Bazhe* als Sauce dazu – das schmeckt auch sehr gut! (Siehe Seite 132.)**

Khinkali

Georgische Teigtaschen mit Hackfleischfüllung | ხინკალი

Khinkali ist das georgische Nationalgericht Nummer eins. Meine Variante ist eine der bekanntesten, sie kommt aus den Bergen Georgiens. Grundsätzlich kann man die Füllung mit Rind-, Lamm- und Schweinefleisch zubereiten. Für Vegetarier gibt es *khinkali* mit Kartoffeln, Pilzen und Käse gefüllt.

60 MINUTEN

FÜR 4 PERSONEN

Für den Teig
600 g Weißmehl Type 405
Salz

Für die Füllung
400 g Rinderhackfleisch
200 g Lammhackfleisch
1 Zwiebel
1 TL Bohnenkraut
Salz
Pfeffer
Chilipulver nach Belieben

TIPP

Wie Georgier *khinkali* essen? Ohne Besteck! Wir vernaschen es wie Fingerfood: Auch Knoblauchöl oder Weißweinessig schmeckt sehr gut dazu.

ZUBEREITUNG

Mehl, 1 TL Salz und 250 ml kaltes Wasser zu einem festen, geschmeidigen Teig verkneten. Den Teig mindestens 30 Minuten abgedeckt bei Zimmertemperatur ruhen lassen.
Das gesamte Hackfleisch vermengen und etwa 100 ml Wasser untermischen, das macht die Füllung saftig. Die Zwiebel abziehen, fein hacken. Die Hackmasse mit Bohnenkraut, Salz, Pfeffer sowie Chilipulver kräftig abschmecken.
Den Teig auf einer leicht bemehlten Arbeitsfläche etwa 6–7mm dick ausrollen . Mit einem Glas Kreise ausstechen, diese jeweils etwa 2 mm dünn ausrollen.
Mittig auf jedes Teigstück etwa 1 EL der Hackmasse geben. Den Teig rund um die Füllung hochklappen und zu einem kleinen Beutel zusammenfassen. Teig oben fest verdrehen und zusammendrücken.
In einem großen Topf reichlich Salzwasser zum Kochen bringen. Die Temperatur reduzieren und die Teigtaschen portionsweise in simmerndem Wasser etwa 10 Minuten köcheln lassen. Die Teigtaschen sind gar, wenn sie an der Oberfläche schwimmen. Die Teigtaschen mit einer Schaumkelle herausheben, abtropfen lassen und heiß genießen.

SO ISST MAN KHINKALI

Die *khinkali* mit etwas Pfeffer bestreuen, vorsichtig an der Teigspitze anfassen, dann seitlich in eine Handfläche gleiten lassen. Ein Stück abbeißen, nach Geschmack ½ TL Knoblauchwasser oder Essig auf den Tascheninhalt träufeln und dann die gesamte Flüssigkeit schlürfen. Vorsicht: Es darf kein Tropfen auf den Teller fallen! Nun rundum vom *khinkali* abbeißen, bis nur noch die Teigspitze übrig ist. Sie wird nicht gegessen, sondern aufbewahrt und später gezählt für den Wettbewerb: Wer hat wie viele *khinkali* geschafft?

Mtswadi

Gegrillte Schweinefleischspieße | მწვადი

Das georgische Nationalgericht Nummer zwei kommt aus Kachetien. Das Schweinefleisch wird über der Glut von Weinpflanzenstecklingen gegrillt, das gibt ihnen das besondere Aroma. Für alle BBQ-Fans ein Muss!

40 MINUTEN

FÜR 4 PERSONEN

500 g Schweinefleisch (Schweinenacken oder Schweinerücken)
Salz
1 rote Zwiebel, feine Streifen
1 Handvoll Granatapfelkerne

ZUBEREITUNG

Das Fleisch kalt abbrausen und trocken tupfen. Dann in 6–7 cm große Stücke schneiden. Das Fleisch auf lange Metallspieße stecken, rundum salzen.
Die Fleischspieße auf dem vorbereiteten heißen Grill 10–15 cm über der Glut von Weinpflanzenstecklingen goldbraun und durchgegart grillen. Dabei die Spieße gelegentlich wenden.
Zum Anrichten die Fleischspieße auf einer Platte mit der Zwiebel und den Granatapfelkernen garniert servieren. In Kachetien wird das Fleisch mit *schotis puri* – einem traditionellen georgischen Brot vom Spieß abgestreift und serviert.

Chakapuli

Lammfleischeintopf | ჩაქაფული

Eine Delikatesse der georgischen Küche ist *chakapuli*. Das Lammfleisch können Sie nach Geschmack auch gut durch Rind ersetzen. Diese kachetische Variante wird mit Kresse serviert, diese können Sie nach Belieben auch weglassen.

60–90 MINUTEN

FÜR 4 PERSONEN

1 kg Lammfleisch von der Keule
100 g Petersilie
200 g Estragon
200 g Koriandergrün
100 g Gartenkresse
200 g Frühlingszwiebeln
100 g Lauch
100 g unreife Kirschpflaumen (gibt es oft im türkischen Supermarkt)
200 ml trockener Weißwein
30 g grüne Chilischote
Salz

ZUBEREITUNG

Das Lammfleisch abbrausen, trocken tupfen, dann in mundgerechte Stücke schneiden.

Die Kräuterblätter abzupfen, Kresse vom Beet schneiden, alles fein hacken. Die Frühlingszwiebeln, den Lauch und die Chilischote putzen, waschen und klein schneiden. Mit den Kräutern mischen.

In einem Topf die Kräuter, das Fleisch, etwas Salz sowie die Kirschpflaumen portionsweise einschichten, bis die Zutaten aufgebraucht sind. Dabei mit den Kräutern beginnen und enden. Zuletzt den Weißwein zugießen.

Alles kurz aufkochen, dann bei niedriger Temperatur zugedeckt in 40–60 Minuten gar köcheln lassen. Während des Garens den entstehenden Schaum nicht abschöpfen, da das Fleisch im eigenen Saft und Schaum kochen muss.

TIPP

Nach Geschmack können ein paar Minzblätter hinzugefügt werden.

Ostri

Scharfer Rindfleischeintopf | ოსტრი

Der Name dieses Eintopfs ist Programm: ostri heißt auf Russisch scharf.

60 MINUTEN

FÜR 4 PERSONEN

1 kg Rindfleisch (durchwachsenes Fleisch, z.B. vom Hals, der Schulter oder der Wade)
5 Zwiebel
2 Lorbeerblätter
Salz
150 g Butter
2–3 EL Tomatenmark
½ EL Mehl
1 TL Zucker
1 TL gemahlener Schabzigerklee
1 TL Paprikapulver
scharfes Chilipulver
3 Knoblauchzehen, fein gehackt
1 Bund Koriandergrün, klein gehackt
1 Bund Petersilie, klein gehackt
4–5 saure Gurken, klein gewürfelt

ZUBEREITUNG

Das Fleisch trocken tupfen, bei Bedarf überschüssiges Fett und Sehnen abschneiden, dann in mundgerechte Stücke schneiden. Die Zwiebeln abziehen und grob hacken.
Einen Bräter erhitzen. Das Fleisch hineinlegen, unter Rühren rundum braun anbraten, dabei das Lorbeerblatt zugeben und weiterbraten, bis der austretende Fleischsaft eingekocht ist. Das Fleisch mit Wasser bedecken, leicht salzen und gar köcheln lassen.
Die Lorbeerblätter entfernen und den Fleischsud in eine Schüssel gießen und beiseite stellen.
In dem Bräter mit dem Fleisch die Butter zerlassen. Die Zwiebeln zugeben und unter gelegentlichem Rühren farblos andünsten.
Das Tomatenmark einrühren, dann das Mehl darüberstäuben und den Zucker, den Schabzigerklee und das Paprikapulver zufügen. Anschließend so viel Fleischsud zugießen und einrühren, bis die gewünschte Saucenkonsistenz erreicht ist. 1 TL Chilipulver und Knoblauch zugeben, alles einmal kurz aufkochen. Gurken und Kräuter zugeben, den Eintopf mit Chilipulver und Salz abschmecken.
Den Eintopf auf tiefe Teller verteilen, mit frischen Kräutern und Zwiebelstreifen anrichten und heiß servieren.

TIPP

Sie können statt Tomatenmark auch Tomatensauce verwenden. Wer keine sauren Gurken mag, lässt sie einfach weg.

Odschakhuri

Bratkartoffeln mit Schweinefleisch | ოჯახური

Odschakhuri heißt übersetzt Familie. Es steht für ein klassisches Familiengericht, weil es eben allen schmeckt. Hauptzutaten sind Schweinefleisch und Kartoffeln, der Rest variiert je nach Region und Familientradition. Wichtig: Die Kartoffeln sollen leicht knusprig und das Fleisch saftig sein. Dazu schmeckt _tkemali_ (siehe Seite 126, Kirschpflaumensauce) oder Irinas _satsebeli_.

60 MINUTEN

FÜR 4 PERSONEN

500 g Schweinefleisch (Nacken oder Kotelett)
500 g Kartoffeln
Sonnenblumenöl zum Anbraten
300 g rote Zwiebel
1 Handvoll Frühlingszwiebel
1 Bund Petersilie oder Koriander, fein gehackt
¼ TL Schabzigerklee
¼ Korianderpulver
50 ml Weißwein
¼ TL swanetisches Salz (georgisches Kräutersalz)

ZUBEREITUNG

Die Kartoffeln schälen, waschen und in 2–3 cm große Würfel schneiden und in eine Schüssel umfüllen. Etwas Salz darüberstreuen, Kartoffeln mit heißem Wasser übergießen und 2–3 Minuten ziehen lassen. Anschließend das Wasser abgießen, die Kartoffeln trocken tupfen und auf einem Blech ausbreiten.

Das Fleisch waschen, trocken tupfen und in mundgerechte Stücke schneiden. Das Öl erhitzen und das Fleisch darin bei hoher Temperatur rundum knusprig anbraten. Dann herausheben und abgedeckt kurz ruhen lassen.

Nun die Kartoffeln in die Pfanne geben und bei mittlerer Temperatur fertig braten.

Die Zwiebel abziehen und in Ringe schneiden. Frühlingzwiebeln putzen, waschen und fein hacken. Beides mit den Kräutern, Gewürzen und dem Fleisch wieder in die Pfanne geben. Alles kurz durchschwenken und mit swanetischem Salz abgeschmeckt servieren.

Zum Anrichten das *odschakhuri* mit roten Zwiebelstreifen und einigen frischen Kräutern garniert servieren.

TIPP

Odschakhuri kann auch zusätzlich zu den Kartoffeln mit Paprika zubereitet werden.

Schkmeruli

Brathähnchen in Knoblauchsauce | შქმერული

Heute ist nicht mehr genau nachvollziehbar, woher *schkmeruli* seinen Namen hat. Einer Legende nach bekam eine Frau im Dorf Shkmeri unerwartet Besuch. Sie hatte außer einem Hähnchen nichts mehr im Haus, was man einem Gast anbieten kann. Beim Braten des Fleisches stieß ihr der Geruch des Hähnchens unangenehm auf. Deshalb beschloss sie, es mit etwas Knoblauchsauce zu würzen. Und so entstand durch Improvisation ein sehr populäres georgisches Gericht, das einfach und mit wenigen Zutaten zubereitet wird.

60 MINUTEN

FÜR 6 PERSONEN

1 Brathähnchen, küchenfertig
1 EL Butterschmalz
6 Knoblauchzehen
300 ml Vollmilch oder Wasser (traditionell)
100 g Butter
Salz
frisches Brot zum Servieren

ZUBEREITUNG

Das Hähnchen kalt abbrausen und trocken tupfen. Dann in Brust, Keulen und Flügel zerteilen. Die Hähnchenteile leicht salzen. Butterschmalz in einer ofenfesten großen Pfanne oder einem Bräter erhitzen. Die Hähnchenteile mit der Hautseite nach unten hineingeben. Das Fleisch mit einem sauberen Topf beschweren, der mit kochend heißem Wasser befüllt ist. So wird die Haut besonders knusprig und das Hähnchen bleibt von oben warm. Das Fleisch so 5–6 Minuten braten, dann wenden, wieder mit dem Topf beschweren und 5 Minuten weiterbraten.

Die Hähnchenteile auf einem Backblech verteilen und im auf 180 °C (Umluft) vorgeheizten Backofen in 20–30 Minuten fertig braten. Das Fleisch sollte durchgegart, aber nicht trocken sein. Inzwischen den Knoblauch abziehen und andrücken. Mit etwas Salz in einem Mörser zur Paste verarbeiten. Die Knoblauchpaste mit 25 g Butter zum Bratensatz in die Pfanne geben und bei niedriger Temperatur farblos anbraten. Die Milch zugießen, erhitzen und nach und nach die restliche Butter unterrühren. Die Sauce unter Rühren simmernd köcheln lassen. Die Hähnchenteile aus dem Backofen nehmen, den Ofen nicht abschalten.

Die Knoblauchsauce mit Salz abschmecken, dann die Hähnchenteile hineinlegen. Alles in etwa 5 Minuten im heißen Backofen fertig garen und in einem tiefen Teller oder einer Schale mit frischem Brot servieren.

Satsiwi

Pute in Walnusssauce | საცივი

Was man in Georgien zu Silvester isst? *satsiwi! satsiwi* heißt auf Georgisch kalt – und so wird dieses Gericht auch serviert. Es besticht durch seine vielfältigen Aromen – und so warten nicht nur die Kinder gespannt darauf, an Silvester *satsiwi* zu essen.

2–3 STUNDEN

FÜR 6 PERSONEN

1 mittelgroße Pute (küchenfertig, etwa 2,5 kg)
2 Zwiebel
3–4 Lorbeerblätter
9 Knoblauchzehen
Salz
1 kg Walnusskerne
Chilipulver
4 TL gemahlener Schabzigerklee
2 TL gemahlener Koriander
1 TL gemahlener Zimt
½ TL gemahlene Nelken
2 EL getrocknete gemahlene Ringelblumenblüten
Saft von ½ Zitrone

TIPP

***Gomi* oder frisches Brot passen gut zu diesem Gericht. Für ein fleischloses Gericht schmecken gekochte und halbierte Eier in dieser köstlichen Walnuss-Sauce.**

ZUBEREITUNG

Die Pute kalt abbrausen, in einen großen Suppentopf geben und mit Wasser bedecken. Zwiebeln und Knoblauch abziehen. Die eine Zwiebel vierteln und mit dem Lorbeer, etwas Salz, drei ganzen Knoblauchzehen in den Suppentopf geben und etwa 1 Stunde kochen. Dabei gelegentlich den Schaum von der Wasseroberfläche abschöpfen.

Inzwischen die Walnüsse im Mixer oder in der Küchenmaschine cremig-körnig zerkleinern.

Sechs Knoblauchzehen andrücken, mit 1 EL Ringelblumenblüten, etwas Chilipulver und Salz im Mörser fein zermahlen. 150 g von der Walnussmasse abnehmen, mit der Knoblauchpaste, den Gewürzen sowie 1 EL warmem Wasser verkneten, bis das Öl austritt. Bei Bedarf etwas Wasser hinzufügen. Dann aus der Masse mit den Händen das Öl auspressen, auffangen und beiseitestellen. Die Walnussmasse kann entsorgt werden, später wird nur das Öl benötigt.

Die Pute aus dem Topf nehmen, kurz abtropfen lassen, dann auf ein Backblech setzen. Das Fleisch salzen und im auf 160 °C (Ober-/Unterhitze) vorgeheizten Backofen 2 Stunden braten.

Inzwischen den Kochsud abkühlen lassen, dabei bildet sich eine feste Fettschicht auf der Oberfläche. Die andere Zwiebel klein hacken. Das Fett von der Brühe abnehmen, in einer Pfanne erhitzen und die Zwiebel darin goldbraun anbraten.

Die restliche Walnussmasse, alle restlichen Gewürze, die Zwiebel, etwas Salz und etwas lauwarmen Kochsud fein pürieren, bis eine cremige Konsistenz entsteht. Das Ganze in einen Topf umfüllen, unter Rühren aufkochen und dabei so viel Kochsud zugießen, bis eine cremig-flüssige Sauce entsteht. Diese Sauce 2–3 Minuten köcheln lassen, dann mit Zitronensaft abschmecken.

Zum Anrichten die Pute in großzügige Stücke teilen und in die Walnusssauce legen. Das Walnussöl darüberträufeln und mit Ringelblumenblüten garnieren. Kalt servieren.

Jakhni

Rindfleisch mit Walnusspaste | იახნი

Jakhni stammt aus Kobuleti in der Region Adscharien. Die deftige Speise ist aromatisch und schnell gekocht. _Jakhni_ schmeckt prima mit _gomi_ oder frischem Brot.

2–3 STUNDEN

FÜR 6 PERSONEN

1 kg Rindfleisch (durchwachsenes Fleisch vom Hals, aus der Schulter oder der Wade)
200 g Zwiebel, fein gehackt
30 g Butter
300 g Walnusskerne
5 Knoblauchzehen, grob gehackt
3 EL gemahlener Koriander
3 EL getrocknete gemahlene Ringelblumenblüten
Salz
Chilipulver

ZUBEREITUNG

Das Rindfleisch in kleine Würfel schneiden. Fleisch in einem Topf mit Wasser bedecken, zum Kochen bringen und in 2–3 Stunden köcheln lassen. Dabei gelegentlich den Schaum von der Wasseroberfläche abschöpfen. Dann den Kochsud in eine Schüssel abgießen.

Zwiebel samt Butter zum Fleisch geben und goldbraun anbraten. Walnusskerne, Knoblauch, Gewürze und etwas Salz im Mörser zur feinen Paste verarbeiten.

Nun den Kochsud sowie die Walnusspaste zum Fleisch geben und zum Kochen bringen. Alles 5 Minuten köcheln lassen, mit Salz und Chilipulver abschmecken.

Khaschlama

Gekochtes Rindfleisch | ხაშლამა

Die Wahl des richtigen Rindfleischstücks macht dieses Gericht aus. *Khaschlama* wird traditionell zu Beerdigungen gekocht. *Tatariakhni* heißt die kräftige Brühe, die beim Garen des Fleischs entsteht. Mit Knoblauch und Koriander verfeinert, ist sie ein echter Genuss.

90 MINUTEN

FÜR 6 PERSONEN

2 kg Rinderbrust mit Knochen
2 Zwiebel, halbiert
2 Lorbeerblätter
1 rote Chilischote
Salz
1 Bund Koriandergrün, klein gehackt
Knoblauchscheiben nach Belieben

ZUBEREITUNG

Das Fleisch trocken tupfen, dann in mundgerechte Stücke schneiden. Fleisch in einem Topf mit Wasser bedecken. Die Zwiebel, die Chilischote und die Lorbeerblätter zugeben, alles bei hoher Temperatur zum Kochen bringen und gar köcheln lassen. Dabei gelegentlich den Schaum von der Wasseroberfläche abschöpfen. Das gegarte Fleisch salzen.

Zum Anrichten das gekochte Fleisch mit einer Schöpfkelle aus dem Topf heben und ohne Kochsud auf Teller geben. Mit Koriander und Knoblauch garnieren, dann servieren.

Chanakhi

Lamm-Gemüse-Eintopf | ჩანახი

Diese Sommergericht, mit frischem Gemüse und Fleisch ist ideal für eine Gartenparty. Für Vegetarier oder Veganer lässt man einfach das Fleisch weg. Dazu passt frisches Brot oder weißer Reis. *Chanakhi* wird Ihre Gäste glücklich machen. Auf eine tolle Feier!

90 MINUTEN

FÜR 4 PERSONEN

500 g Lamm- oder Rindfleisch ohne Knochen (Bruststück oder Schulter)
2 Zwiebeln
3 Kartoffeln
1 rote Paprikaschote
1 grüne Paprikaschote
1 grüne Chilischote
2 Tomaten
1–2 Auberginen
3 Knoblauchzehen
½ TL Paprikapulver
Salz (swanetisches bevorzugt)
Chilipulver
1 Handvoll Petersilie
1 Handvoll Koriander
1 Handvoll rotes Basilikum
30 g Butter

ZUBEREITUNG

Das Fleisch abbrausen, trocken tupfen und in mundgerechte Stücke schneiden. Die Gemüse abziehen bzw. waschen und putzen. Kartoffeln und Paprika würfeln. Zwiebeln und Chili in Ringe, Tomaten in Stücke schneiden.
Die Gemüse mit Fleisch in einer Schüssel mischen, mit Salz und den Gewürzen abschmecken.
Die Kräuterblätter von den Stielen abzupfen und klein hacken.
In ein einem Tontopf oder einem Bräter 15 g Butter zerlassen.
Die Gemüse-Fleisch-Mischung einschichten, mit den Kräutern bestreuen und mit Alufolie abdecken.
Den Eintopf im auf 200 °C vorgeheizten Backfen auf der mittleren Schiene garen, bis das Fleisch weich ist und duftet. Den Eintopf heiß servieren.

Kaurma

Lamm in Granatapfelsauce | ყაურმა

***Kaurma* ist ein sehr deftiges Essen und wird traditionell aus Lamminnereien zubereitet (Leber, Herz etc.). Sie können es aber ebenso mit Rindfleisch zubereiten. Um dem Gericht ein süßsauers Aroma zu verleihen und Düfte zu neutralisieren, reiche ich dazu Granatapfelsaft.**

60 MINUTEN

FÜR 6 PERSONEN

1 kg Lammschulter ohne Knochen
100 ml Sonnenblumenöl
2 Lorbeerblätter
1 kg rote Zwiebel
3 Knoblauchzehen
1 großer Granatapfel
Salz
Chilipulver
1 Handvoll Petersilie, fein gehackt
2 Frühligszwiebeln, fein gehackt

ZUBEREITUNG

Das Lammfleisch abbrausen, trocken tupfen und in mundgerechte Stücke schneiden. In einer großen Pfanne 50 ml Öl bei mittlerer Temperatur erhitzen. Das Fleisch zugeben, die Lorbeerblätter zufügen, und unter Rühren in etwa 10 Minuten knapp gar anbraten. Die Zwiebel und den Knoblauch abziehen. Die Zwiebeln fein würfeln, etwas davon zum Garnieren beiseitelegen. In einer zweiten großen Pfanne 50 ml Öl bei mittlerer Temperatur erhitzen. Die Zwiebeln zugeben und unter ständigem Rühren in 10–15 Minuten goldbraun braten. Den Knoblauch andrücken, zufügen und 2 Minuten mitgaren.

Das Fleisch mit der Zwiebel vermengen. Den Granatapfel halbieren, den Saft auspressen und über die Fleisch-Zwiebel-Mischung gießen. Diese zum Kochen bringen, die Temperatur reduzieren und alles 5–10 Minuten köcheln lassen. Die Lorbeerblätter entfernen. kaurma mit Salz und Pfeffer abschmecken.

Zum Anrichten das *kaurma* auf Teller verteilen. Mit den beiseitegelegten Zwiebeln, gehackter Petersilie und Frühlingszwiebeln garniert servieren.

Lobio Jonjolis Salsit

Bohnen mit Jonjoli-Salsa | ლობიო ჯონჯოლის სალსით

Dieses Bohnenrezept von Koch Max Mgdvliashwili (siehe Seite 136) unterscheidet sich von der traditionellen Version. Er richtet es mit Jonjoli-Salsa an, das gibt dem Gericht einen frischen, aromatischen und leicht säuerlichen Touch. Max serviert Reis dazu. Maisbrot schmeckt aber ebenso gut dazu.

1–2 STUNDEN

FÜR 2 PERSONEN

Bohnen mit Speck
200 g Borlotti-Bohnen
2 Zwiebeln
10 Knoblauchzehen
1 Bund Koriander
1 Bund Sellerieblätter
1 Bund Frühlingszwiebel
1 Chilischote
50 g Speck, gewürfelt
½ TL gemahlener Koriander
½ TL getrocknetes Bohnenkraut
200 ml Gemüsebrühe

Jonjoli-Salsa
100 g Jonjoli (eingelegte Pimpernussblüten) oder Kapern
10 g Knoblauch, klein gehackt
50 g rote Zwiebel, klein gehackt
1 Bund Koriandergrün oder Petersilie, klein gehackt
60 ml Weißweinessig
20 ml Olivenöl
20 ml kalt gepresstes Sesamöl

ZUBEREITUNG

Die Borlotti-Bohnen mit reichlich Wasser bedeckt über Nacht quellen lassen.

Am nächsten Tag das Wasser abgießen und die Bohnen mit reichlich frischem Wasser bedeckt zum Kochen bringen, die Temperatur reduzieren und die Bohnen 1 Stunde weich garen.

Inzwischen die Zwiebeln und den Knoblauch abziehen. Die Zwiebeln sehr klein würfeln, den Knoblauch andrücken. Die Kräuterblätter von den Stielen abzupfen und klein hacken. Die Chilischote putzen, abbrausen und fein hacken.

Speck in einem Topf bei niedriger Temperatur unter ständigem Rühren goldbraun braten. Die Zwiebeln zugeben und mitbraten, bis sie gegart und goldbraun sind. Zuletzt den Knoblauch zufügen und kurz mitbraten.

Die Bohnen in ein Sieb abgießen. Mit gemahlenem Koriander, Bohnenkraut und der Gemüsebrühe zur Speckmischung geben. Alles weiterköcheln lassen, bis die Bohnen gegart sind und der Eintopf eine dickliche Konsistenz hat.

Für die Jonjoli-Salsa die abgetropften Jonjoli oder Kapern, Zwiebeln, Knoblauch, Kräuter, Öle sowie Essig vermengen.

Zum Anrichten die Bohnen auf dem Teller verteilen und etwas Salsa daraufgeben. Dazu schmeckt georgisches Maisbrot (siehe Seite 158).

TIPP

Alternativ zu *jonjoli* können Sie eingelegte Kapern oder auch saure Gurken verwenden.

Mariam Tetemadze, Gastgeberin des Vaio Resorts

Aslan Tetemadze, der Vater von Mariam, ist der Gründer des Vaio Resorts. Er konnte sich nie mit dem Stadtleben anfreunden, da hat er angefangen in seinem Dorf, in »Vaio« Adscharien, regionales Gemüse und Obst anzubauen. Der fruchtbare Boden und die Liebe zum Dorfleben, die Natur und die Luft haben ihn dazu bewegt, Stück für Stück das Vaio Resort aufzubauen. Die Familie Tetemadze ist immer noch im Prozess, ihren Gästen das Beste zu bieten. Hütten mit Blick auf die Berge, köstliches Essen, Sauna, Swimmingpool, Bienentherapie, Weinkeller, Bar.

Das Vaio Resort nimmt an der Entwicklung des Tourismus auf dem Land teil und beschäftigt viele Menschen aus dem Dorf. Man kann hier auch gut Hochzeiten, Geburtstage, Taufen feiern.

KURZ GEFRAGT

Wie schmeckt Georgien für dich?
Der feinste, geschmackvollste und appetitanregendste Geschmack.

Was macht dich glücklich?
Wenn meine Tochter mich jetzt anschaut und anlächelt, das macht mich glücklich.

Was inspiriert dich?
Oh, das ist keine einfache Frage! Kleine, schöne Momente, Gespräche mit interessanten Menschen, die Natur, Kochen – ich liebe es!

Was ist der Antrieb für deine Arbeit?
Unsere Tradition, Kultur mehr und mehr Menschen nahezubringen.

Was macht Georgien aus?
Die Natur, Gastfreundschaft, georgische Küche, Wein und Zusammensein.

Pasten & Saucen

Sakazmi

Sakazmi-Paste | საკაზმი

Sakazmi ist eine Gewürzpaste, die in vielen georgische Gerichten Verwendung findet. Sie schmeckt hervorragend als Aufstrich auf Brot, ebenso gut in Salat, _pkhali_, _phkalobio_, _lobio_, _malakhto_. Und ganz wichtig, wie die georgischen Omas sagen: »Die Paste ohne Salz zu probieren, ist eine Sünde!« Also Salz nach Belieben dazugeben und zu einer Paste vermengen.

15 MINUTEN

FÜR 4 PERSONEN

100 g Walnusskerne, grob gehackt
3 Knoblauchzehen, grob gehackt
1 Bund Koriandergrün, klein gehackt
etwa ½ TL Chilipulver
Salz

ZUBEREITUNG

Walnusskerne und Knoblauch in einem Mörser klein hacken. Dann Koriander, Chilipulver und etwas Salz zugeben, alles zur Paste mörsern.

Tkemali

Kirschpflaumensauce | ტყემალი

Jede georgische Familie verwendet *tkemali*. Ihr säuerlicher Geschmack passt zu Bratkartoffeln und vielen anderen Gerichten mit Fleisch oder auch Fisch. Manchmal kann ich der köstlichen Sauce nicht widerstehen, und nasche pur etwas von ihr …

30 MINUTEN

FÜR 6–8 PERSONEN

2 kg unreife Kirschpflaumen
5 Knoblauchzehen, grob gehackt
250 g Koriandergrün grob gehackt
150 g Dill, grob gehackt
50 g Minze, grob gehackt
1 TL grob gemahlenes Chilipulver
Salz
Pfeffer bei Bedarf
Zucker bei Bedarf

ZUBEREITUNG

Die Kirschpflaumen waschen und die Stiele entfernen. Die Kirschpflaumen mit 100 ml Wasser in einen Topf geben, kurz aufkochen, anschließend bei niedriger Temperatur langsam weich garen, bis die Schale aufplatzt. Dann die Kirschpflaumen in ein Sieb über einer Schüssel geben, abtropfen und etwas abkühlen lassen.
Inzwischen Knoblauch, Kräuter und Chilipulver in der Küchenmaschine zu einer glatten Paste mixen.
Sobald die Kirschpflaumen handwarm abgekühlt sind, das Fruchtfleisch mithilfe eines Holzlöffels auspressen und passieren. Die Fruchtschalen samt Steinen entsorgen.
Das Kirschpflaumenmark, die Kräuterpaste, etwas Chilipulver und Salz mischen. Bei Bedarf für eine dünnere Saucenkonsistenz noch etwas Wasser zufügen, 1 Stunde ziehen lassen. Nun die Sauce mit Salz Chilipulver sowie bei Bedarf etwas Pfeffer und Zucker abschmecken. Die Sauce am besten frisch verwenden.

TIPP

Die Sauce hält sich im verschlossenen Einwegglas bis zu 1 Woche im Kühlschrank.

Adschika

Chilipaste | აჯიკა

adschika **ist eine scharfe Chilipaste, die auf keiner georgischen Supra fehlen darf. Sie ist universell einsetzbar zu Fleisch und Kartoffeln, dient als Würzmischung in einer Suppe oder als Aufstrich auf Brot.**

30 MINUTEN

FÜR 6 PERSONEN

100 g Vogelaugenchili (scharfe Chilischoten)
100 g rote Spitzpaprika
30 g frisches Koriandergrün
30 g frische Petersilie
15 g Knoblauchzehen, grob gehackt
50 ml Sonnenblumenöl
1 TL gemahlener Schabzigerklee
1 TL gemahlener Koriander
1 TL getrocknete gemahlene Ringelblumenblüten
2 TL Salz

ZUBEREITUNG

Die Chilischoten und Spitzpaprika aufschneiden, putzen und abbrausen. Die Kräuterblätter von den Stielen abzupfen. Mit den Vogelaugenchilis, den Spitzpaprikas, Koriandergrün, Petersilie und dem Knoblauch fein mixen oder mörsern. Die Paste mit dem Öl in einen Topf geben geben und 10 Minuten bei niedriger Temperatur köcheln lassen. Die Gewürze und das Salz zufügen, die Sauce abschmecken und abkühlen lassen.

TIPP

Die Sauce hält sich im verschlossenen Einwegglas bis zu 1 Woche im Kühlschrank.

Irinas Satsebeli

Tomatensauce von Irina | ირინას საწებელი

Dieses *satsebeli*-Rezept ist von meiner Schwester. Es schmeckt fantastisch zu Fleisch, gestampften Kartoffeln und auch zu Brot.

15 MINUTEN

FÜR 4 PERSONEN

100 g Tomatenmark
1 EL Sonnenblumen- oder Olivenöl
Wasser nach Bedarf
50 g Koriandergrün, klein gehackt
50 g Petersilie, klein gehackt
50 g Lauch, klein gehackt
50 g Zwiebel, fein gehackt
1 Knoblauchzehe, fein gehackt
Salz
Chilipulver

ZUBEREITUNG

Das Tomatenmark und das Öl gut vermengen, Wasser hinzufügen und alles gut verrühren, bis die Sauce eine dickflüssige Konsistenz hat.
Anschließend Kräuter, Lauch, Zwiebel und Knoblauch vermengen. Die Sauce mit Salz und Chilipulver würzen und frisch genießen.

Bazhe

Walnusspaste | ბაჟე

***Bazhe* harmoniert sehr gut mit gomi, gekochtem Ei oder auch zu Brathähnchen.**

10 MINUTEN

FÜR 6 PERSONEN

400 g Walnusskerne
3 Knoblauchzehen
1 EL Weißweinessig
1 TL getrockneter Koriander
1 TL Chilipulver
1 TL getrocknete gemahlene Ringelblumenblüten
1 TL gemahlener Schabzigerklee
Salz

ZUBEREITUNG

Die Walnüsse im Blitzhacker zu einer sehr feinen Paste verarbeiten. Anschließend die Walnusspaste mit den Händen auspressen, das dabei austretende Öl auffangen.
Den Knoblauch, den Essig mit den Gewürzen, die Blüten und den Schabzigerklee unter die Walnusspaste mischen, alles gut vermixen, dann etwa 50 ml abgekühltes, abgekochtes Wasser unterrühren.
Zum Anrichten die Walnusspaste in eine Schale oder ein Kännchen umfüllen und mit dem aufgefangenen Öl servieren.

TIPP

Je nach gewünschter Konsistenz der Paste gibt man mehr oder weniger Wasser zu der Paste hinzu.

Max Mgvdliashvili, Promoting Good Food and good Vibes

KURZ GEFRAGT

Wie schmeckt Georgien für dich?
Ehrlich und jung.

Was macht dich glücklich?
In der Küche zu sein, zu experimentieren, etwas Neues zu kreieren, auf das Feedback der Gäste zu warten und leere Teller der Gäste – meistens schmeckt's!

Was inspiriert dich?
Immer in Bewegung zu bleiben, immer besser zu werden. Das Repertoire der Gerichte stetig zu erweitern. Hohes Kochniveau in der Küche. Der japanischer Chefkoch Marcio Hasui hat mich geprägt, er war eine Art Mentor für mich.

Was ist der Antrieb für deine Arbeit?
Herausforderungen zu meistern.

Was macht Georgien aus?
Vielfalt in der Küche, Gastfreundschaft, Wein.

Teigwaren

Imeruli Khachapuri

Imeretisches Käsebrot | იმერული ხაჭაპური

In Georgien gibt es sehr viele Varianten von *khachapuri*. Übersetzt heißt es Frischkäsebrot. Das imeretische *khachapuri* ist eins der populärsten, es wird vor allem im westlichen Georgien gebacken. Man isst es warm oder kalt, zu jeder Tageszeit zu den Mahlzeiten oder auch als Fingerfood zwischendurch. Da man in Deutschland keinen imeretischen Käse kaufen kann, backe ich das Brot wahlweise mit türkischem Weißkäse oder Feta sowie mit Mozzarella.

1–2 STUNDEN

FÜR 4 BROTE

Hefeteig

200 ml lauwarme Milch
7 g Trockenhefe
1 EL Zucker
60 ml Sonnenblumenöl
1 großes Ei
1 EL Salz oder nach Belieben
1 kg Mehl Type 405
100 g weiche Butter
10 g kalte Butter zum Bestreichen
1 Form mit 32 cm Durchmesser

Käsefüllung

1,2 kg Imeruli-Käse (oder als Imeruli-Ersatz 800 g Feta oder türkischen Weißkäse)
400 g geriebener Mozzarella oder Sulguni-Käse
1 Ei

ZUBEREITUNG

FÜR DEN TEIG

Die Milch mit 200 ml warmem Wasser, der Trockenhefe und dem Zucker gut verrühren. Abgedeckt etwa 10 Minuten ruhen lassen, bis die Hefe Bläschen schlägt.
Erst das Öl, dann das Ei gründlich untermengen. Anschließend 250–300 g Mehl unterkneten. Der Teig sollte eine Konsistenz wie Joghurt haben, nicht weich und nicht ganz fest. Den Teig abgedeckt an einem warmen Ort 15 Minuten ruhen lassen.
Den Teig durchkneten. Die Butter und so viel weiteres Mehl hinzugeben, dass ein geschmeidiger Hefeteig entsteht, der sich vom Schüsselrand löst. Den Teig erst mit Frischhaltefolie, dann mit einem Küchentuch abdecken. Den Teig etwa 60 Minuten gehen lassen, bis er das doppelte Volumen hat.
Anschließend den Teig auf einer leicht bemehlten Arbeitsfläche kurz durchkneten und in vier gleich große Portionen teilen. Daraus je eine Kugel formen und diese weitere 20 Minuten ruhen lassen.

FÜR DIE FÜLLUNG

Den Käse und das Ei vermengen. Aus der Masse vier gleich große Teigkugeln nacheinander auf einer leicht bemehlte Arbeitsfläche flach drücken, dann zu großen, runden Fladen ausrollen.
Die Teigkugel zu einem kleinen Fladen flach drücken und jeweils 1 Käseportion mittig auf einen Teigfladen setzen, den Teig wieder zusammenfügen, sodass die Füllung nicht mehr zu sehen ist. Anschließend den Teig vorsichtig auf die Größe der runden Backform ausrollen oder mit den Händen flach drücken. Den Teig in die Form geben und mit den Händen leicht hineindrücken. Der Käse darf dabei nicht herauskommen, er soll gleichmäßig im Teig verteilt sein.

Die Teigfladen im auf auf 220 °C (Ober-/Unterhitze) vorgeheizten Backofen in 10–15 Minuten goldbraun backen. Mit der Butter bestreichen und in zwölf Dreiecke schneiden.

Megruli Khachapuri

Khachapuri aus Mingrelien | მეგრული ხაჭაპური

1–2 STUNDEN

FÜR 3 BROTE

Hefeteig
150ml warme Milch
50 g weiche Butter
600 g Mehl Type 405
10–12 g frische Hefe
1 TL Zucker
1 TL Salz
1 Ei
2 TL Sonnenblumenöl
1 Form mit 32 cm Durchmesser

Käsefüllung
600 g Feta
400 g geriebener Mozzarella

Zum Servieren
1 EL Naturjoghurt
1 EL Sonnenblumenöl
2 Eigelb
150 g geriebener Mozzarella oder Sulguni-Käse

ZUBEREITUNG

In einer Schüssel die Milch mit der weichen Butter verrühren. Die Butter muss dabei nicht in der Milch aufgelöst sein.
Das Mehl in eine Schüssel sieben. Die Hefe hineinbröckeln und untermischen. Dann den Zucker, das Salz, 150 ml lauwarmes Wasser und das Ei zugeben und unterkneten. Den Teig so lange weiterkneten, bis er glatt und elastisch ist. Dabei die Finger immer wieder mit warmem Wasser benetzen, so geht das Kneten einfacher. Dann das Öl in den Teig einarbeiten. (Je öfter man den Teig aufgehen lässt und wieder knetet, desto weicher und elastischer wird er.) Den Teig mit Frischhaltefolie abgedeckt 1 Stunde bei Zimmertemperatur ruhen lassen, bis der Teig sein Volumen verdoppelt hat.
Fetakäse oder Weißkäse zerbröckeln und zu drei gleich großen Kugel formen.
Den Teig auf eine leicht bemehlte Arbeitsfläche legen und flach drücken, dann mit einem Nudelholz oder mit der Hand zu drei gleich großen, runden Fladen ausrollen.
Die Teigkugel zu einem kleinen Fladen flachdrücken und jeweils 1 Käseportion mittig auf einen Teigfladen setzen, den Teig wieder zusammenfügen, sodass die Füllung nicht mehr zu sehen ist. Anschließend den Teig vorsichtig auf die Größe der runden Backform ausrollen oder mit den Händen flach drücken. Den Teig in die Form geben und nochmals mit den Händen leicht in die Form drücken. Der Käse darf dabei nicht herauskommen, er soll gleichmäßig im Teig verteilt sein.
In der Mitte des Teigfladens den Teig mit einem kleinen Schnitt einschneiden, damit beim Backen keine Blasen entstehen.
Naturjoghurt, Öl und Eigelb mischen. Die Teigfladen damit bestreichen und weitere 10–15 Minuten gehen lassen. Anschließend mit dem geriebenen Mozzarella bestreuen und im auf 220 °C (Ober-/Unterhitze) vorgeheizten Backofen 8–10 Minuten backen.

Adjaruli Khachapuri

Adscharisches Khachapuri | აჭარული ხაჭაპური

Adscharien liegt am Schwarzen Meer – das ist der Grund, warum diese *khachapuri* zu Booten geformt gebacken werden. Das Eigelb symbolisiert die Sonne.

2 STUNDEN

FÜR 4 BROTE

Hefeteig
1 Päckchen frische Hefe (42 g)
1 TL Zucker
500 g Mehl Type 405
150 ml warme Milch
1 Ei
1 TL Salz
70 ml Sonnenblumenöl

Füllung
400–500 g Feta oder türkischer Weißkäse (Imeruli-Käse)
200 g geriebener Mozzarella oder Sulguni-Käse
1 EL Mehl
2 EL Milch
4 Eigelb

ZUBEREITUNG

Hefe zerbröckeln, mit dem Zucker und 150 ml lauwarmem Wasser gründlich verrühren, abgedeckt kurz ruhen lassen.
Das Mehl, die Milch, das Salz, das Ei, den Hefeansatz und das Öl zu einem glatten, geschmeidigen Hefeteig verarbeiten. Den Teig abgedeckt mindestens 2 Stunden, besser über Nacht, im Kühlschrank aufs doppelte Volumen aufgehen lassen.
Feta oder Weißkäse grob zerbröckeln, mit Mozzarella, Milch und Mehl vermengen.
Den Teig auf bemehlter Arbeitsfläche kurz durchkneten, in vier gleich große Stücke teilen, zu Kugeln formen, abgedeckt 30 Minuten ruhen lassen.
Die Teigkugel zu einem kleinen Fladen flach drücken und jeweils ein Teigstück auf bemehlter Arbeitsfläche mit den Händen von der Mitte her zum ovalen Teigfladen formen. Dann je 2 cm von den Längsseiten zum Rand hoch – bzw. einklappen, sodass eine Bootsform entsteht. Dabei die Teigenden zusammendrücken. In der Mitte sollte nun Platz für die Füllung sein. Die Fladen auf mit Backpapier belegte Backbleche setzen. Jeweils 1 Käseportion mittig auf den Fladen geben.
Das Backblech auf der untersten Schiene in den auf 250 °C (Ober-/Unterhitze) vorgeheizten Backofen schieben. Die Fladen in 10–12 Minuten goldbraun backen. Blech herausnehmen, je 1 Eigelb in die Mitte eines Fladens gleiten lassen. Fladen 2 Minuten weiterbacken, bis die Eier gestockt sind, die Eigelbe sollen dabei noch flüssig sein. Jeweils mit zwei Scheiben Butter darauf servieren.

Tipp

Eine Spitze des Teiges abbrechen und in die Käse-Ei-Füllung tunken: So wird das adscharische *khachapuri* traditionell gegessen, bis der ganze Rand verspeist ist.

Lobiani

Fladenbrot mit Bohnenfüllung | ლობიანი

1½–2 STUNDEN

FÜR 8 BROTE

Hefeteig
1 Päckchen frische Hefe (42 g)
1 TL Zucker
1 kg Mehl Type 405
2 TL Salz
20 ml Sonnenblumenöl
weiche Butter zum Bestreichen
1 Form mit 32 cm Durchmesser

Füllung
500 g Kidneybohnen aus der Dose
1 große Zwiebel
Sonnenblumenöl zum Braten
Pfeffer
Salz

ZUBEREITUNG

Die Hefe zerbröckeln, mit dem Zucker in 600 ml lauwarmem Wasser auflösen. Die Schüssel abdecken und das Hefe-Zucker-Gemisch kurz ruhen lassen.
Das Mehl mit dem Hefeansatz und dem Salz zu einem geschmeidigen, glatten Hefeteig verkneten. Die Teigkugeln mit Öl einpinseln, dann mit Frischhaltefolie abgedeckt 1 Stunde im Kühlschrank ruhen lassen.
Inzwischen die Bohnen fein zerstampfen. Die Zwiebel abziehen, fein würfeln. Öl erhitzen, die Zwiebel darin farblos anbraten. Dann mit den Bohnen mischen, die Masse mit Salz und Pfeffer abschmecken.
Den Teig auf leicht bemehlter Arbeitsfläche in acht Portionen (à 200 g) teilen. Die Teigkugeln mit etwas Abstand nebeneinanderlegen und abgedeckt etwa 30 Minuten ruhen lassen.
Die Bohnenmasse zu acht Kugeln formen.
Jede Teigkugel zu einem kleinen Fladen flachdrücken und jeweils 1 Kugel der Bohnenmasse mittig daraufsetzen. Dann den Teig wieder zusammenfügen, sodass die Füllung nicht mehr zu sehen ist. Anschließend den Teig vorsichtig auf die Größe der runden Backform ausrollen oder mit den Händen flach drücken. Den Teig in die Form geben und erneut mit den Händen leicht in die Form drücken. Achtung, die Bohnenfüllung darf dabei nicht herauskommen, sie soll gleichmäßig im Teig verteilt sein.
Die Fladen im auf 250 °C (Ober-/Unterhitze) vorgeheizten Backofen etwa 10 Minuten backen. Aus dem Ofen nehmen und sofort mit etwas Butter bestreichen.

Guruli Gvezeli

Brot mit Ei und Käse aus Gurulien | გურული ღვეზელი

***Guruli gvezeli* ist ein klassisches Weihnachtsgebäck, es schmeckt aber auch an jedem anderen Tag hervorragend. Die Eier in der Füllung stehen für das Leben. *Gvezeli* kann man auch normal für den Alltag backen.**

1–2 STUNDEN

FÜR 5 BROTE

Hefeteig
800 g Mehl
1 Päckchen frische Hefe (42 g)
½ TL Zucker
½ TL Salz
1 EL Sonnenblumen- oder Olivenöl

Füllung
5 Eier, hart gekocht
800 g Feta oder türkischer Weißkäse oder Imeruli-Käse
200 g Mozzarella oder Sulguni-Käse

ZUBEREITUNG

Die Hefe zerbröckeln und mit dem Zucker in 500 ml lauwarmem Wasser auflösen. Die Schüssel abdecken und das Hefe-Zucker-Gemisch 5 Minuten ruhen lassen.

Das Mehl mit dem Hefeteigansatz und dem Salz zu einem geschmeidigen, glatten Hefeteig verkneten. Die Teigoberfläche mit dem Öl einpinseln. Mit Frischhaltefolie abgedeckt 1 Stunde im Kühlschrank ruhen lassen.

Die Eier pellen und in Scheiben schneiden. Den Feta bzw. Weißkäse oder Imeruli-Käse und den geriebenen Mozzarella oder Sulguni-Käse mischen.

Nach der Gehzeit des Teigs die Arbeitsfläche bemehlen. Den Teig in eine längliche Form kneten und in zehn gleichmäßige Teigstücke (à 120 g) schneiden. Diese zu Kugeln formen. Die Teigkugeln in eine Form geben, mit einem Küchentuch bedecken und weitere 10–20 Minuten ruhen lassen.

Eine Teigkugel auf der bemehlten Arbeitsfläche zu einem ovalen Fladen ausrollen. Eine Flädenhälfte, bis auf einen schmalen Rand, längs mit etwas Käse bestreuen und mit Eierscheiben belegen. Die andere Teighälfte darüber zusammenklappen und den Teigrand zusammendrücken. Das Teigstück vorsichtig zu einem Halbmond formen. So mit allen weiteren Teigkugeln verfahren. Die fertigen Teigstücke im auf 250 °C (Ober-/Unterhitze) vorgeheizten Backofen in 10–12 Minuten goldbraun backen.

Fenowani Khachapuri

Blätterteig-Käse-Taschen | ფენოვანი ხაჭაპური

Fast alle meine Freunde hier in Deuschland habe ich schon mit *fenowani khachapuri* verwöhnt. Ich backe die Teigtaschen öfter, da sie einfach und schnell gemacht sind: ideal als Fingerfood für Partys, zum Mitnehmen auf die Arbeit oder einfach so, wenn man Appetit darauf hat.

20 MINUTEN

FÜR 6 TEIGTASCHEN

2 Packung Blätterteig aus dem Kühlregal (à 280 g)
300 g Feta
250 geriebener Mozzarella
1 Ei
½ TL Mehl

ZUBEREITUNG

Den Blätterteig aus dem Kühlschrank nehmen und etwa 10 Minuten Zimmertemperatur annehmen lassen, damit er elastisch ist. Inzwischen Feta zerbröckeln, mit Mozzarella, Ei und Mehl vermengen.

SCHNELLE VARIANTE

Eine Blätterteigplatte auf einem mit Backpapier belegtem Backblech auslegen. Die Käsemasse, bis auf einen rundum 2 cm breiten Rand, gleichmäßig verteilen. Den zweiten Teig passgenau auf die untere Teigplatte legen, die Ränder fest zusammendrücken. Teigtaschen im auf 250 °C (Ober-/Unterhitze) vorgeheizten Backofen in 10–15 Minuten goldbraun backen.
Den gebackenen Blätterteig in Quadrate schneiden. Sie schmecken warm und abgekühlt.

FEINE VARIANTE

Jede Blätterteigplatte in sechs gleich große Quadrate schneiden. Jeweils mittig 1 EL der Füllung darauf geben. Nun die vier Ecken zur Mitte hin über die Füllung klappen und die Teigtaschen so schließen. Die Teigtaschen im auf 250 °C vorgeheizten Backofen (Ober-/Unterhitze) in 10–15 Minuten goldbraun backen. Sie schmecken warm und abgekühlt.

Fenowani Lobiani

Blätterteigtaschen mit Bohnen | ფენოვანი ლობიანი

20 MINUTEN

FÜR 6 TEIGTASCHEN

2 Packung Blätterteig aus dem Kühlregal (à 280 g)
800 g Kidneybohnen aus der Dose
1–2 Zwiebel
Sonnenblumenöl zum Braten
Salz
Pfeffer

ZUBEREITUNG

Den Blätterteig aus dem Kühlschrank nehmen und etwa 10 Minuten Zimmertemperatur annehmen lassen, damit er elastisch ist.

Die Bohnen in einem Sieb abtropfen lassen, in einen Topf geben, mit Wasser bedecken, kurz aufkochen lassen, das Wasser abgießen und die Bohnen zerstampfen.

Die Zwiebel abziehen und klein schneiden. Das Öl in einer Pfanne erhitzen und die Zwiebeln darin goldbraun anbraten. Die Zwiebeln mit der Bohnenmasse vermischen, dann mit Salz und Pfeffer abschmecken.

SCHNELLE VARIANTE

Eine Blätterteigplatte auf einem mit Backpapier belegtem Backblech auslegen. Die Bohnenmasse, bis auf einen rundum 2 cm breiten Rand, gleichmäßig verteilen. Den zweiten Teig passgenau auf die untere Teigplatte legen, die Ränder fest zusammendrücken. Teigtaschen im auf 250 °C (Ober-/Unterhitze) vorgeheizten Backofen in 10–15 Minuten goldbraun backen.

Den Blätterteig in Quadrate schneiden. Sie schmecken warm und abgekühlt.

FEINE VARIANTE

Jede Blätterteigplatte in sechs gleich große Quadrate schneiden. Jeweils mittig etwa ein Zwölftel der Füllung daraufgeben. Nun die vier Ecken zur Mitte hin über die Füllung klappen und die Teigtaschen so schließen.

Die Teigtaschenim auf 250 °C (Ober-/Unterhitze) vorgeheizten Backofen in 10–15 Minuten goldbraun backen. Sie schmecken warm und abgekühlt.

Mchadi

Maisbrot | მჭადი

Dieses Maisbrot kommen aus Westgeorgien. Es wird in der Pfanne gebacken – und schmeckt am besten warm, mit original georgischem Imeruli-Käse. In Deutschland serviere ich Feta oder türkischen Weißkäse dazu.

15 MINUTEN

FÜR 3–4 BROTE

300 g Maismehl
150 ml warmes Wasser
Salz
2 EL Sonnenblumenöl
50 g weiche Butter
Sonnenblumenöl zum Backen

ZUBEREITUNG

Das Mehl mit 150 ml lauwarmem Wasser vermengen. Dann etwas Salz, Öl oder die Butter gründlich unterkneten.
Eine Pfanne einölen und bei mittlerer Temperatur auf dem Herd erhitzen.
Den Teig in vier gleich große Portionen teilen und diese zu ovalen Fladen formen. Reichlich Sonnenblumenöl in einer Pfanne erhitzen.
Die Fladen darin nacheinander jeweils 3–4 Minuten ausbacken, bis sie leicht goldbraun sind, dann wenden und weitere 2 Minuten bräunen.

Tako Shvelidze, Mitgründerin von »Max Flavour«

Was ist Max Flavour?

Max Flavour ist eine Plattform, auf der Max seine Kocherfahrungen teilt: Neues über das Kochen, Koch-Festivals, Koch-Events. Der junge Koch bietet außerdem Masterclasses und Catering an. Er nimmt mit seiner Marke Einfluss auf die Entwicklung der georgischen Gastronomie. Kurz gesagt: Alles rund um seine Leidenschaft: das Kochen!

Das Motto »Promoting good Food and good Vibes« von Max Flavour bedeutet traditionelle Gerichte, neu zu interpretieren, neu zu überdenken. Das Beste aus den Zutaten herauszubekommen und mit kleinen Details jedem Gericht eine individuelle Note zu geben.

Max ist Autodidakt, hat aber von professionellen Köchen die Basis fürs Kochen erlernt und alles andere, sagt er, muss man sich selbst aneignen. In New York, wo er als Kellner gearbeitet hat, kam ihm die Erkenntnis, dass Essen eben nicht nur Essen ist. Andererseits hat er erkannt, welch ein Knochenjob die Gastronomie sein kann, und so kam ihm die Idee, etwas Eigenes zu machen.

Er wünscht sich für die Zukunft, dass er mit guten Menschen arbeiten kann, die Produkte und Qualität wertschätzen und dass er an vielen Events and Projekten teilnehmen kann.

KURZ GEFRAGT

Wie schmeckt Georgien für dich?
Nach Käse.

Was macht dich glücklich?
Nach dem Work-out das von Max gekochte Essen zu verspeisen.

Was inspiriert dich?
Der Wunsch etwas Eigenes zu machen – Selbstverwirklichung.

Was ist der Antrieb für deine Arbeit?
Anderen Menschen Motivation zu geben und ein Vorbild für andere zu sein.

Was macht Georgien aus?
Bei einer Supra mit vielfältigen Menschen eine gute Zeit zu verbringen, zusammen zu sein und guten Wein und gutes Essen zu genießen.

Desserts

Tschurtschchela

Walnuss-Traubensaft-Konfekt | ჩურჩხელა

Tschurtschchela und *pelamuschi* sind typisch georgische Süßigkeiten. Traubensaft, der mit Mehl dicklich eingekocht wird, nennt man tatara. Werden Nüsse oder getrocknete Früchte hineingetaucht wird, nennt man das *tschurtschchela*.
Da *tschurtschchela* sehr nahrhaft und kalorienreich ist, war es in früheren Zeiten ein wichtiger Verpflegungsbestandteil der georgischen Soldaten. Die Herstellung macht Spaß, ist aber auch sehr arbeitsintensiv.

3 STUNDEN

FÜR 10 STÜCK

1 l roter oder heller Traubensaft (Direktsaft)
200–250 g Weizenmehl Type 405
50 ganze Walnüsse

TIPP

**Statt der Walnüsse kann man auch Haselnüsse verwenden.
Wem das Konfekt nicht süß genug ist, der kann noch 2 EL Zucker unter den eingedickten Traubensaft mischen.
Das Konfekt muss trocken gelagert werden. Man kann es zum Beispiel in einer Speisekammer aufhängen. Zum Servieren den Faden ganz herausziehen, dann in dünne oder dicke Scheiben schneiden.**

ZUBEREITUNG

Die Walnüsse vorsichtig knacken, sodass die Hälften beim Auslösen ganz bleiben. Die Walnusshälften in einer Pfanne ohne Fett anrösten. Auf einen Teller umgefüllt abkühlen lassen. Bäckerbindfaden durch eine Nadel ziehen und an einem Ende einen Knoten machen. Nun jeweils etwa 20–30 Walnusshälften auffädeln, die Stränge sollten mindestens 10 cm lang sein.
Traubensaft bei niedriger Temperatur unter Rühren aufkochen und sirupartig etwa auf die Hälfte einköcheln lassen. Etwa die Hälfte davon abnehmen und leicht abkühlen lassen. Dann so viel Mehl klümpchenfrei hinzufügen, bis eine zähflüssige Konsistenz erreicht ist. Die angedickte Mischung und den angedickten Traubensaft verrühren. Falls die Masse zu dünn ist, noch ein wenig Mehl hineinsieben.
Wenn der Traubensaft zähflüssig ist und nur noch langsam vom Löffel tropft, ist er bereit für den nächsten Schritt. Den Topf vom Herd nehmen. Die Walnussschnüre nacheinander ins lauwarme Traubenbad tauchen und rundum mit dem Traubendicksaft umhüllen. Die Walnussstränge zum Trocknen an einer Stange aufhängen, darunter am besten Bleche oder Zeitungspapier legen, um den eventuell abtropfenden Saft aufzufangen. Die Stränge sollten mindestens zwei Wochen trocknen.

Pelamuschi

Traubengelee | ფელამუში

In Ostgeorgien wird tatara mit Weizenmehl zubereitet, in Westgeorgien verwendet man Maismehl – alternativ kann man beide Mehlsorten mischen.

20–30 MINUTEN

FÜR 8–10 PERSONEN

1 l roter oder heller Traubensaft (Direktsaft)
200 g Weizenmehl (oder 160 g Maismehl und 40 g Weizenmehl)
2 EL Zucker
geröstete Walnüsse, fein gehackt

ZUBEREITUNG

Traubensaft auf niedriger Temperatur kochen, dabei immer rühren, damit der Saft nicht am Topf anbrennt. Wenn sich die Saftmenge durchs Einkochen etwa halbiert hat, die Hälfte davon abnehmen und abkühlen lassen. Das Mehl unterrühren und darauf achten, dass dabei keine Klumpen entstehen. Die angedickte Mischung nun dem aufgekochten Traubensaft unter Rühren zugeben, bis er dickflüssig wird. Falls die Mischung zu dünn ist, noch ein wenig Mehl zum Andicken hineinsieben.
Den Traubendicksaft auf Portionsschälchen verteilen und mind. 3 Stunden kühl stellen. Zum Servieren mit gerösteten Nusskernen bestreuen.

TIPP

Wem das Konfekt nicht süß genug ist, der kann noch 2 EL Zucker unter den eingedickten Traubensaft mischen.

Gozinaki

Walnuss-Honig-Rauten | გოზინაყი

In Westgeorgien vernascht man *gozinaki*

2 STUNDEN

FÜR 8–15 STÜCK

1 kg Walnusskerne
500 g heller Honig
2 EL Zucker

ZUBEREITUNG

Ein großes Holzbrett/Backblech mit Backpapier belegen und eine Schüssel mit kaltem Wasser bereitstellen.
Die Walnusskerne klein hacken und in einer großen Pfanne ohne Fettzugabe unter gelegentlichem Rühren anrösten. Die gerösteten Walnüsse dann auf einen Teller geben.
In einem großen Topf mit schwerem Boden den Honig bei sehr niedriger Temperatur unter Rühren erwärmen, bis sich die Zuckerkristalle lösen. Der Honig darf nicht kochen. Nun den Zucker zugeben, bei niedriger Temperatur unterrühren und köcheln lassen, bis die Masse goldbraun wird und zu karamellisieren beginnt. Anschließend die Walnüsse zugeben und gründlich unterrühren, sodass sie vollständig mit Honig ummantelt sind. Bei mittlerer Temperatur so lange weiterrühren, bis sich Honig und Walnusskerne gut vermischt haben.
Die heiße Honigmasse schnell auf das mit Backpapier belegte Blech geben und zügig etwa 5 mm dick glatt verstreichen, da die Masse schnell hart wird. Dabei das kalte Wasser zum Glattstreichen der Masse verwenden. Die Masse mit einem angefeuchteten Messer in Rauten schneiden und kalt servieren.

Tkbili Sinori

Süße Fladenbrotröllchen mit Walnüssen | ტკბილი სინორი

Sinori heißt sinngemäßt Grenze oder Zaun. Diese Bezeichnung erklärt sich von selbst, wenn wir sehen, wie symmetrisch die Teigringe ausgerichtet sind. Wie man in Adscharien zu sagen pflegt, sollte jeder seine Grenzen – _sinori_ – kennen, wenn es ums Essen geht. Die Adscharier machen eine süße Version von _sinori_, hier stelle ich dieses Rezept vor.

20 MINUTEN

FÜR 6–8 PERSONEN

500 g Lavash (dünnes Fladenbrot)
200 g Walnusskerne
50 g Butterschmalz
100 g Zucker
700 ml Wasser
Salz

ZUBEREITUNG

Die Fladenbrote einzeln aufrollen, dann in 2 cm breite Röllchen schneiden. Die Röllchen dicht an dicht in eine Form mit hohem Rand stellen.
Die Walnüsse grob hacken und über die Röllchen streuen.
Das Butterschmalz erhitzen, dann den Zucker dazugeben und darin schmelzen lassen.
Das Wasser aufkochen und in die Butter-Zucker-Masse gießen. Den Karamell 10 Minuten köcheln lassen. Zum Schluss 1 Prise Salz hinzufügen und nochmals kurz aufkochen. Die fertige Masse über die Röllchen gießen und etwa 5 Minuten durchziehen lassen. Warm servieren.

TIPP

Servieren Sie die süßen Fladenbrotrollen mit 1 Kugel Vanilleeis!

Register der Rezepte

A
Adscharischer Käse mit Butter 78
Adscharisches Khachapuri 148
Aubergineneintopf 50
Auberginenröllchen mit Walnussfüllung 24

B
Blätterteig-Käse-Taschen 154
Blätterteigtaschen mit Bohnen 156
Bohnen mit Jonjoli-Salsa 110
Bohnensuppe im Tontopf 48
Brathähnchen in Knoblauchsauce 98
Bratkartoffeln mit Paprika 80
Bratkartoffeln mit Schweinefleisch 96
Brot mit Ei und Käse aus Gurulien 152

C
Chilipaste 128

D
Desserts
- Süße Fladenbroträllchen 176
- Traubengelee 172
- Walnuss-Honig-Rauten 174
- Walnuss-Traubensaft-Konfekt 170

E
Ei in Tomatensauce 74

F
Fladenbrot mit Bohnenfüllung 150
Fladenbrot-Röllchen mit Ricotta und Butter 76
Fladenbrotröllchen, süße 176
Frische Kartoffeln mit Kräutern 54

G
Gegrillte Schweinefleischspieße 90
Gekochtes Rindfleisch 104
Georgische Teigtaschen mit Hackfleischfüllung 86
Grüne-Bohnen-Eintopf von Tante Esma 52

H
Hauptgerichte
- Adscharischer Käse mit Butter 78
- Bohnen mit Jonjoli-Salsa 110
- Brathähnchen in Knoblauchsauce 98
- Bratkartoffeln mit Paprika 80
- Bratkartoffeln mit Schweinefleisch 96
- Ei in Tomatensauce 74
- Fladenbrot-Röllchen mit Ricotta und Butter 76
- Gegrillte Schweinefleischspieße 90
- Gekochtes Rindfleisch 104
- Georgische Teigtaschen mit Hackfleischfüllung 86
- Kidneybohnen mit Kohlrabiblättern 82
- Lamm in Granatapfelsauce 108
- Lamm-Gemüse-Eintopf 106
- Lammfleischeintopf 92
- Maisbrei 72
- Maisgrieß mit Käse 84
- Pute in Walnusssauce 100
- Rindfleisch mit Walnusspaste aus Kobuleti 102
- Scharfer Rindfleischeintopf 94

Hühnersuppe nach georgischer Art 46

I
Imeretisches Käsebrot 144

K
Karotten-Walnuss-Paste 16
Kartoffeln, frische, mit Kräutern 54
Käse, Adscharischer, mit Butter 78
Käsebrot, Imeretisches 144
Khachapuri aus Mingrelien 146
Khachapuri, Adscharisches 148
Kidneybohnen mit Kohlrabiblättern 82
Kirschpflaumensauce 126
Kohlrabiblatt-Suppe mit Reis von der Oma 40
Kürbis-Walnuss-Paste 22

L
Lamm in Granatapfelsauce 108
Lamm-Gemüse-Eintopf 106
Lammfleischeintopf 92
Lauchpaste 17

M
Maisbrei 72
Maisbrot 158
Maisgrieß mit Käse 84

P
Pasten & Saucen
- Chilipaste 128
- Kirschpflaumensauce 126
- Sakazmi-Paste 124
- Tomatensauce von Irina 130

Pute in Walnusssauce 100

R
Ricotta-Aufstrich mit Minze 26
Rinderfleisch, gekochtes 104
Rindfleisch mit Walnusspaste aus Kobuleti 102
Rindfleischeintopf, scharfer 94
Rindfleischsuppe mit Reis 44
Rote-Bete-Paste 23

S
Sakazmi-Paste 124
Scharfer Rindfleischeintopf 94
Spinat-Walnuss-Paste 18
Suppen & Eintöpfe
- Aubergineneintopf 50
- Bohnensuppe im Tontopf 48
- Frische Kartoffeln mit Kräutern 54
- Grüne-Bohnen-Eintopf von Tante Esma 52
- Hühnersuppe nach georgischer Art 46
- Kohlrabiblatt-Suppe mit Reis von der Oma 40
- Rindfleischsuppe mit Reis 44

Süße Fladenbrotröllchen mit Walnüssen 176

Georgisches Register

T
Teigtaschen, georgische, mit
  Hackfleischfüllung 86
Teigwaren
  Adscharisches Khachapuri 148
  Blätterteig-Käse-Taschen 154
  Blätterteigtaschen mit
    Bohnen 156
  Brot mit Ei und Käse aus
    Gurulien 152
  Fladenbrot mit Bohnen-
    füllung 150
  Imeretisches Käsebrot 144
  Khachapuri aus Mingrelien 146
  Maisbrot 158
Tomatensauce von Irina 130
Traubengelee 172

U
Überbackene Pilze mit
  Mozzarella 28

V
Vorspeisen
  Auberginenröllchen mit
    Walnussfüllung 24
  Karotten-Walnuss-Paste 16
  Kürbis-Walnuss-Paste 22
  Lauchpaste 17
  Ricotta-Aufstrich mit Minze 26
  Rote-Bete-Paste 23
  Spinat-Walnuss-Paste 18
  Überbackene Pilze mit
    Mozzarella 28

W
Walnuss-Honig-Rauten 174
Walnuss-Traubensaft-Konfekt 170
Walnusspaste 132

A
Adjaruli Khachapuri 148
Adschika 128
Ajafsandali 50
Akhali Kartofili 54

B
Bazhe 132
Bebos Pkhali mit Reis 40
Borano 78

C
Chakapuli 92
Chanakhi 106
Chikhirtma 46
Chirbuli 74

E
Elarji 84

F
Fenowani Khachapuri 154
Fenowani Lobiani 156

G
Gogris Pkhali 22
Gomi 72
Gozinaki 174
Guruli Gvezeli 152

I
Imeruli Khachapuri 144
Irinas Satsebeli 130
Ispanakhis Pkhali 18

J
Jakhni 102

K
Kartofili Odjachurad 80
Kaurma 108
Khaschlama 104
Khinkali 86

L
Lobiani 150
Lobio Jonjolis Salsit 110
Lobio Qotanschi 48

M
Malachto Lobio 52
Mchadi 158
Megruli Khachapuri 146
Mtswadi 90

N
Nadugi Pitnit 26
Nigvziani Badrijani 24

O
Odschakhuri 96
Ostri 94

P
Pelamuschi 172
Pkhalobio 82
Prasis Pkhali 17

S
Sakazmi 124
Satsiwi 100
Schkmeruli 98
Sinori 76
Soko Kecze 28
Stapilos Pkhali 16
Sup-Kharcho 44

T
Tkbili Sinori 176
Tkemali 126
Tscharkhlis Pkhali 23
Tschurtschchela 170

Dank an unseren Partner

Für die freundliche Unterstützung unseres Buchprojekts danken wir GeoVino ganz herzlich.

Bei GeoVino finden Sie georgische Weine, Spirituosen, Spezialitäten und eine Online-Weinberatung. Auch wer eine Reise nach Georgien plant, ist hier genau richtig.

Weitere Informationen unter www.georgische-weine.com

Über die Autorin

Darina Beridze wurde 1995 in der Küstenstadt Batumi in Georgien am Schwarzen Meer geboren. Nach dem Abitur und einem Jahr Studium der englischen Philologie entschied sie in die große weite Welt zu ziehen und landete in Bayern. Seitdem arbeitet sie in der Modebranche und macht parallel ein Studium zur gelernten Handelsfachwirtin.

Nach mehreren Jahren in Deutschland merkte sie, wie wichtig die georgische Küche für sie war, da die Düfte sie an ihr Heimatland erinnerten. Sie fing an, leidenschaftlich zu kochen, und begeisterte ihre Freunde und Bekannten in Deutschland mit georgischen Gerichten. Ihre Großmutter machte sich immer Sorgen, dass Darina zu viel lernt und zu wenig kocht. Als hätte sie es gewusst, dass ihre Enkelin eines Tages Autorin eines georgischen Kochbuches wird.

Über die Fotografin & das Team

Anna Bogush stammt aus der Ukraine, lebt aber in Georgien. Sie ist Fotografin mit den Schwerpunkten Food und Lifestyle. Folgt ihr auf Instagram: @elet1

Die Arbeit an diesem Kochbuch hat Johanna von Pechmann tatkräftig unterstützt – sowohl bei der Reise durch Georgien als auch beim Verfassen der Texte und Rezepte.

Dank

Ich möchte dieses Buch all den Menschen widmen, die mich auf meinem bisherigen Lebensweg begleitet und unterstützt haben. Die mir Kraft und Energie gespendet als auch schöne Erfahrungen, Momente und Erinnerungen geschenkt haben. Danke euch allen! Und ein ganz besonderer Dank gilt meiner Mutter.

Mein Dank gilt auch den Mitarbeiterinnen des Christian Verlags, die mich bei diesem Buch unterstützt haben: Sonya Mayer, die das Buch in die Wege geleitet hat; Johanna von Pechmann, die mich als Erste ansprach und die Idee für dieses Buch hatte. Danke für dein Vertrauen, deine Unterstützung und für die Geduld bei all meinen Fragen. Vielen Dank für euer Vertrauen in mich und meine Premiere als Autorin.

Vielen Dank auch an die Fotografin Anna Bogush und ihre authentischen Fotos. Es war schön, mit dir zusammenzuarbeiten: Wir waren ein supergutes Team!

Danke ebenfalls an Qeto und Acho für eure Tipps und Inspirationen. Ihr habt ein tolles Buch (»Heritage of Georgian Taste«) geschrieben!

Vielen Dank auch an meine Familie, die Freunde und Verwandten in Georgien, die geduldig all meine Rezeptfragen beantwortet haben. An alle Gastgeber, die uns herzlichst empfangen haben, und unserem Team großartige Erinnerungen geschenkt haben. Und auch an meinen Vater, Ioseb Beridze, der uns in Georgien mit dem LKW von Batumi nach Tiflis gefahren hat, trotz der Straßensperrung.

Danke an meine Kolleginnen und Freunde in Deutschland, die voller Vorfreude sind und auf mein Buch warten.

Impressum

Verantwortlich: Sonya Mayer
Texte & Rezepte: Darina Beridze
Adaption der Texte & Rezepte: Johanna von Pechmann
Fotografie: Anna Bogush
Redaktion: Dr. Stephanie Kloster
Korrektorat: Sabine Thorn
Umschlaggestaltung: Regina Degenkolbe
Layout: Helen Garner
Partnermanagement: Thomas Nehm
Repro: LUDWIG:media
Herstellung: Julia Hegele

Printed in Poland by CGS Printing

Unser komplettes Programm finden Sie unter:

www.christian-verlag.de

Bildnachweis
Alle Fotografien des Umschlags und des Innenteils stammen von Anna Bogush.
Illustrationen: Cover und Kapitelaufmacher (Flagge): Shutterstock / Uniyok; Cover (Tomate): Shutterstock / Eugeniya Khomenko, (Granatapfel): Shutterstock / Elena Pimonova; Seite 12 (Kürbis): Shutterstock / Molesko Studio; Seite 13 (Walnuss): Shutterstock / Arsvik; Seite 36 (Kohlrabi): Shutterstock / Anastasia Nio; Seite 37 (Aubergine): Shutterstock / Nadezhda Shoshina; Seite 68 (Paprika): Shutterstock / Marysimpledesign; Seite 120 (Kirschpflaumen): Shutterstock / adnanhossain11; Seite 121 (Tomate): Shutterstock / Eugeniya Khomenko; Seite 140 (Megruli Khachapuri): Shutterstock / Kin1509; Seite 141 (Adjaruli Khachapuri): Shutterstock / Hanna Yelsukova; Seite 166 (Walnuss): Shutterstock / Arsvik; Seite 167 (Honigwabe): Shutterstock / JulAndersen

Sind Sie mit diesem Titel zufrieden? Dann würden wir uns über Ihre Weiterempfehlung freuen. Erzählen Sie es im Freundeskreis, berichten Sie Ihrem Buchhändler oder bewerten Sie bei Onlinekauf. Und wenn Sie Kritik, Korrekturen, Aktualisierungen haben, freuen wir uns über Ihre Nachricht an: Christian Verlag, Postfach 40 02 09, D-80702 München oder per E-Mail an lektorat@verlagshaus.de

In diesem Buch wird aus Gründen der besseren Lesbarkeit das generische Maskulinum verwendet. Weibliche und anderweitige Geschlechteridentitäten werden dabei ausdrücklich mitgemeint, soweit es für die Aussage erforderlich ist.

Die Deutsche Nationalbibliothek verzeichnet diese Publikation in der Deutschen Nationalbibliografie; detaillierte bibliografische Daten sind im Internet über http://dnb.d-nb.de abrufbar.

ISBN 978-3-95961-756-7

Ebenfalls erhältlich ...

ISBN 978-3-95961-616-4

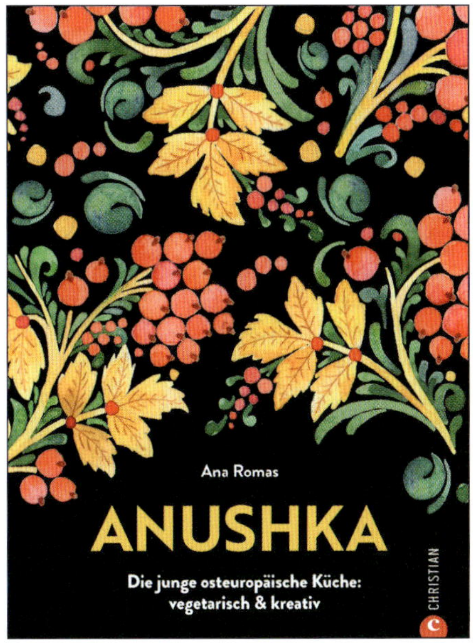

ISBN 978-3-95961-721-5

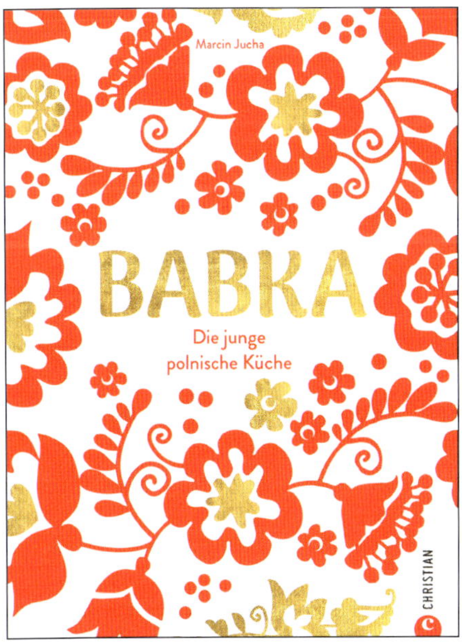

ISBN 978-3-95961-546-4

ISBN 978-3-95961-586-0